Marcus Spangenberg

Linderhof
Erbautes und Erträumtes im Gebirge

Verlag Friedrich Pustet

Inhaltsverzeichnis

Der König nimmt seinen jüngsten Sohn an die Hand. Doch ein ausgeprägter Familienmensch war König Maximilian II. von Bayern (1811–1864) – der „Entdecker“ von Linderhof – nicht. Neben Prinz Otto (1848–1916), der 1886 offiziell König von Bayern wurde, stellen sich der spätere König Ludwig II. (1845–1886) und seine Mutter Königin Marie (1825–1889) 1860 vor die Kamera. Hofphotograph Josef Albert wurde Jahre später von Ludwig II. beauftragt, alle seine Bauschöpfungen zu fotografieren.

Vorwort

Der Anfang von allem: Symbole für Herrschaft und Königtum

Die Region der Ammergauer Alpen beherbergt mit Schloss Linderhof und weiteren von König Ludwig II. von Bayern (1845–1886) erdachten Bauwerken ein herausragendes Kulturphänomen des 19. Jahrhunderts. Der bayerische Monarch ließ sich durch Hunderte Arbeiter, gestresste Künstler und findige Techniker innerhalb eines kurzen Zeitraums eine Art Themenpark mit vielfältigen „Reisezielen" errichten.

Dabei nutzte Ludwig bewusst die Stimmungsträger Wald, Gebirge und Wasser, um Architektur in die Natur zu komponieren. Es sind Inszenierungen ganz eigentümlicher Ausprägung, die denen Recht geben, die Ludwig II. eher als Künstler denn als Herrscher betrachten.

Doch ohne das Herrschertum in seinen verschiedenen Facetten gäbe es weder Schloss Linderhof noch den Maurischen Kiosk mit dem Pfauenthron, das Marokkanische Haus, Pläne für Paläste im byzantinischen und chinesischen Stil sowie den Hubertuspavillon. In allen errichteten, geplanten, abgerissenen, wiederaufgebauten und rekonstruierten Bauwerken im Graswangtal und Ammerwald (und hiervon handelt dieses Buch) ist das Herrschaftsverständnis des Bauherrn quasi eingeschrieben. Ludwig II. war in (s)einem konstitutionellen Königreich machtloser als er es sein wollte – und als er es hätte sein müssen. Für ein aktives Ausgestalten der konstitutionellen und politischen Möglichkeiten im Sinne eines stabilen Machterhalts oder sogar -ausbaus war der Wittelsbacher nicht veranlagt. Bereits 1864 war er unzureichend ausgebildet und zu jung auf den Thron gekommen. Und Ludwig war nicht bereit, sich in dem vom Volk erwarteten Maße öffentlich als Staatsoberhaupt einzubringen. In gewisser Weise war seine Bautätigkeit eine konsequente Antwort auf die Realität eines von der Ministerialbürokratie beherrschten Staates und den – mit der Reichsgründung 1870/71 – auch außenpolitischen Machtverlust. Schloss Linderhof mit seinen Nebenbauten und die weiteren Schlösser Neuschwanstein und Herrenchiemsee sind entstanden, weil Ludwig sich nur auf diese Weise als König bestätigen konnte und musste. Zumindest versuchte er es. Seine Amtsgeschäfte allerdings hat der König bis zu seiner Absetzung im Juni 1886 gewissenhaft erledigt, auch an fern von der Haupt- und Residenzstadt München liegenden Orten wie Linderhof und den Berghütten drum herum.

Überhaupt lebte Ludwig II. spätestens ab Mitte der 1870er-Jahre mehr im Schloss Berg am

Ludwig II. hat sich trotz aller Distanz zur Öffentlichkeit und zur Repräsentation regelmäßig fotografieren lassen – bis zu seinem Lebensende. Als in Linderhof die Bautätigkeiten begannen, sah der 1845 im Schloss Nymphenburg geborene Bauherr so aus wie auf dieser kolorierten Fotografie (um 1870 entstanden). Typisch ist die bürgerliche Kleidung, die Ludwig bevorzugte. Sie schneiderte der Hoflieferant Fritz Schulze in München.

Starnberger See und zwischen Karwendelgebirge und dem Ost-Allgäu als in München. Dass der Staat auch ohne Ludwigs Anwesenheit in der Hauptstadt und bei entsprechenden Repräsentationsterminen funktionierte, schwächte die Bedeutung der Monarchie. Mit anderen Worten: Je mehr Symbole für Herrschaft und Königtum Ludwig schuf – und dies vor allem im Graswangtal und im Ammerwald –, desto schwächer wurde die Monarchie als Staatsform und als alle und alles einigendes Symbol.

Verstärkt wurde dies durch die Tatsache, dass Ludwig II. exklusiv für sich selbst (und von seinem privaten Vermögen) baute. In seinen Bauwerken waren keine Staatshandlungen vorgesehen. Auch dienten die Schlösser nicht zur Herrschaftslegitimation seiner Dynastie. Vielmehr legitimierte sich Ludwig damit ausschließlich sich selbst gegenüber als herrschender König.

Mit seinen Bauwerken holte Ludwig II. die Welt und die Geschichte zu sich ins Gebirgstal: das Frankreich des 17. und 18. Jahrhunderts, Byzanz, den Orient und China. Doch er selbst reiste nur wenige Male und schon gar nicht in weit entfernte Länder. Dafür verschlang er Bücher über Bücher (so Baubeschreibungen und Reiseberichte, Memoiren und Romane), ließ sich unzählige Grafiken und Fotografien liefern, machte das Theater zur Probebühne für Architekturplanungen und entsandte Diener und Wissenschaftler in andere Länder, damit sie ihm über ihre Erfahrungen möglichst detailliert

berichten. Daraus entstanden die hier vorgestellten Bauwerke – manche wurden verwirklicht, andere blieben eine Idee.
Wir wissen nicht, welche Bauten wir heute im Graswangtal und Ammerwald entdecken könnten, hätte Ludwig II. länger gelebt – und die nötigen finanziellen Mittel zur Verwirklichung seiner vielen Architektur-„Träume" besessen. Es gab weder einen Generalplan, noch war es ein strukturiertes, vorab erdachtes Vorhaben. Vielmehr sind das Schloss und die weiteren Bauten das Ergebnis von Zufällen, Stimmungen, Moden und Notwendigkeiten aus einem übergeordneten Gedanken.

Otto von Ruppert (1841–1923) betont in seinem Aquarell „Ausfahrt Ludwigs II. im Graswangtal" von 1881 das Volkstümliche und die Nähe des Königs zum Volk. Die Erinnerung an den „Märchenkönig" prägen bis heute eher die Bilder, die Ludwig II. in einer seiner prachtvollen Kutschen oder Schlitten zeigen. Mit ihnen fuhr er vor allem bei Dunkelheit durch den Wald.

Auch Schloss Linderhof (koloriertes Glasdia, um 1890) blieb letztendlich unvollendet. Der größte Raum des Schlosses, das Schlafzimmer, war zum Todeszeitpunkt des Königs 1886 noch eine Baustelle. Der König hatte die deutliche Vergrößerung ein Jahr vorher befohlen. Aus diesem Jahr stammt das Porträt Ludwigs II.

Linderhof

„Ein Juwel, das in seiner Art einzig ist" (Ludwig II., 1868)

Ludwig II. von Bayern verlässt – nach knapp zwei Wochen Aufenthalt – in der Nacht zum 3. Juni 1886 Schloss Linderhof mit der Kutsche. Er fährt nach Hohenschwangau bei Füssen. Der König ahnt nicht, dass dies zugleich der endgültige Abschied von einem seiner Lieblingsorte ist. Bereits am 13. Juni ist der Monarch tot – und spätestens ab diesem Zeitpunkt werden Schloss und Person zum Mythos.

Fast genau 44 Jahre früher, am Abend des 20. Juni 1842, schlug die Stunde, zu der auf Linderhof ein quasi königliches Auge geworfen wurde. Maximilian II., der Vater Ludwigs II. und damals noch Kronprinz, traf nach einem Fußmarsch von Garmisch überraschend im Graswangtal ein. Das Anwesen des Linder-Hofes war ein Militärfohlenhof, dem jeglicher Anklang einer höfischen Umgebung fehlte. Das bekamen Maximilian und seine Begleiter sofort zu spüren: Ihr Wunsch, dort zu übernachten, konnte mehr schlecht als recht in einem kleinen Wohnhaus erfüllt werden. Trotz primitiver Einrichtung hat es dem zukünftigen König Bayerns in diesem sogenannten Zuhaus so gut gefallen, dass er im folgenden Jahr gleich dreimal im Rahmen einer *„Jagdparthie"* wiederkehrte. Diese Besuche waren dann aber angekündigt und durch die Lieferung von Stühlen, Vorhängen, Waschgeschirr und Handtüchern deutlich behaglicher als beim ersten Mal.

Die Presse begleitete die Bauaktivitäten des Königs aufmerksam. Ihre Berichterstattung, die zwischen Spekulation und Fakten changierte, wurde gelegentlich illustriert. Dabei spielte die Wahrheit selten eine Rolle: *„Das königliche Lustschloß Linderhof in Oberbayern"*, erschienen 1879 im „Deutschen Hausschatz", erinnert eher an die Würzburger Residenz als an das reale Schloss im Graswangtal.

Nach der Thronbesteigung Maximilians 1848 wurde das einfache Haus umgebaut und ging auch dank der nun jährlichen königlichen Jagd im Ettaler Revier als „Jäger- oder Königshäuschen" in die Annalen ein. Der Münchner Architekt Georg Friedrich Ziebland (1800–1873) hatte das äußere Erscheinungsbild ein wenig aufgehübscht (beispielsweise mit einem Balkon) und den Wohnkomfort durch kleinere Umbauten bei der Beheizung und den Einbau einer Toilette erhöht.

So zufrieden Maximilian gewesen war, so spürte Ludwig deutlich die Unzulänglichkeiten der noch immer bescheidenen Behausung, die weiterhin dem Militär gehörte. Nach dem plötzlichen Tod seines Vaters am 10. März 1864 König geworden, konnte er größer denken.

„Ludwig XIV. baute sich, um dem ermüdenden Leben, dem Zwange des lästigen ewigen Einerlei des Hofceremoniels zu entgehen, das in den Prachtgemächern des Königs-Tempels zu Versailles ihn einengte, das Lustschloß Trianon. Als dieses sich auch zu palastartig vergrößerte, ließ er sich das einsame bescheidene Marly bauen, um dort für kurze Zeit aufzuathmen nach den Mühen des repräsentativen Lebens. – Ich möchte nun in der Nähe [von] *... Linderhof ... ebenfalls einen kleinen Pavillon mir erbauen ... ein Juwel,*

das in seiner Art einzig ist, soll daraus werden.“ Mit diesen Zeilen erteilte Ludwig II. seinem Hofsekretär Lorenz von Düfflipp (1821–1886) am 28. November 1868 gleichsam den Befehl für einen kleinen Schlossbau im Stil des französischen Königs Ludwig XIV. Bis September 1873 wurden nicht weniger als achtzehn verschiedene Planstufen mit Grund- und Aufrissen sowie Innenansichten erstellt, um Ludwigs Wunsch nach einem eigenen Schloss im Gebirgstal zu erfüllen. Er gab seinem Bauprojekt den Namen „Tmeicos Ettal“, eine Buchstabenumstellung aus dem vermeintlichen Wahlspruch des Sonnenkönigs „L'état c'est moi“ [„Der Staat bin ich“]. Denn Ludwig orientierte sich bei seinen Planungen an Schloss Versailles bei Paris, dessen Ausdehnung diese letztlich erreichen sollten. Versailles war von der Mitte des 17. Jahrhunderts bis 1789 der gesellschaftliche und politische Mittelpunkt Frankreichs gewesen.

Zugleich verweist der Name „Tmeicos Ettal“ auf das nahe Linderhof liegende Kloster Ettal mit seiner Zentralbaukirche. Damit berührt dieser Tarnname auch Ludwigs Interesse am Gral: *„Nach dem Plane des Gralstempels zu Mont Salvat soll Kaiser Ludwig der Bayer die Kirche* [zu Ettal] *erbaut haben; – und da belebt sich die Gestalt Lohengrin's meinem Blick auf's Neue“*, schrieb er nämlich an Richard Wagner (1813–1883) über die von einem kaiserlichen Vorfahren desselben Namens im 14. Jahrhundert erbaute Klosterkirche. Das Kloster Ettal war bis zur Säkularisation 1803 Eigentümer des Linder-Hofes gewesen. Die Hofstelle umfasste neben einem großen Hof- bzw. Ökonomiegebäude das uns bekannte spätere „Königshäuschen“ mit Stall und Tenne, eine Kapelle, eine Schmiede und einige Stadel. Als das Anwesen und alle Wälder drum herum an den bayerischen Staat fielen (mit Linderhof war nun nicht mehr ausschließlich der eigentliche Hof gemeint, sondern auch dessen direkte Umgebung), wurde den Bauern das wichtige Waldweiderecht entzogen. Der Landwirt Joseph Ginthart, dessen Familie jahrhundertelang den Linder-Hof als Lehen bewirtschaftet hatte, erwarb ihn vom Staat. Einschränkungen beim Weiderecht und gewiss weitere Schwierigkeiten erwogen Ginthart 1815 zum Verkauf seines Anwesens an das Gestüt Schwaiganger bei Murnau (rund 40 Kilometer von Linderhof entfernt). Dieses nutzte fortan Linderhof zur Fohlenzucht.

Während die Planungen für den zunächst noch „bescheiden“ gedachten Pavillon (der König wünschte zunächst nur drei etwas größere Zimmer für sich) mit einer gegenüberliegenden Kapelle liefen und zahlreiche Architekten einband, erteilte Ludwig im September 1870 die Anweisung, das „Königshäuschen“ solle komfortabler und durch einen Anbau mit drei Zimmern erweitert werden. Zu diesem Zeitpunkt hatte sich der König bereits von einem ihm gewiss lästigen Umstand befreien können: Durch den privaten Erwerb des Linder-Hofes von der Militärfohlenhofsverwaltung und angrenzender Grundstücke von Bauern aus Graswang

Hugues Krafft (1853–1935) aus Reims besichtigte im September 1886 als einer der ersten Ausländer die Schlösser Ludwigs II. und fotografierte diese. Der Blick geht hier vom nordöstlichen Bereich des Parks Richtung Südterrasse, Linde, Kapelle und „Königshäuschen".

reduzierte sich die Anzahl „fremder", also nicht zu Ludwigs direktem Umfeld gehörender Personen. Das Gestüt wurde aufgegeben, nur der Bauernhof existierte zunächst weiter.

Dem König muss bewusst gewesen sein, dass ein wie auch immer gebauter „Pavillon mit Kapelle" im französischen Barock stilistisch keinesfalls zum „Königshäuschen" gepasst hätte – und dieses alte Gebäude mit Anbau fortan nur noch als ein Provisorium gelten konnte. Dies hinderte den Monarchen jedoch keinesfalls, die Ausstattung neuer Räume in einem Anbau aufwändig zu wünschen: Er wollte dort bereits ein wenig Glanz des Versailler Hofes erleben.

Aus brieflichen Anweisungen des Bauherrn fertigte der gesamtverantwortliche Hofarchitekt Georg Dollmann (1830–1895) Entwürfe für einen längsovalen Raum, der von je einem hufeisenförmigen, kleineren Raum flankiert wird. Alle Zimmer wurden nach Plänen von Bühnenmalern des Hoftheaters München (wesentlich sind hier Franz Seitz und Christian Jank zu nennen) im Stil des Rokoko ausgestattet.

Ludwig II. hatte bereits Erfahrung, wie es sich in solchen Räumen leben ließ: Für seine Wohnung in der Münchner Residenz hatte der junge König erstmals den *„reichen, prachtvollen Style ..., wie er zu Ludwig XIV. Zeit der Herrschende war"* (Ludwig an seine ehemalige Erzieherin Sybilla von Leonrod im Dezember 1867) angewandt. Ein weiterer Umbau im Sommer 1869 machte die gesamte Innenausstattung noch prächtiger. Von nun an waren im Schlafzimmer Büsten von König Ludwig XIV. und Königin Marie Antoinette von Frankreich aufgestellt und das Kopfende des Bettes zierte eine Sonne

Krafft blickt hier hinüber in Richtung Ökonomiegebäude (heute Schlosshotel), Remise und „Königshäuschen“ (v. l. n. r.). Der Franzose hinterließ uns mehrere Aufnahmen von der Situation, wie sie einige Wochen vorher Ludwig II. noch erlebt hatte.

mit Strahlenkranz als Symbol des französischen Sonnenkönigs. *„Man wird ... völlig in die Periode Ludwig XIV. zurückversetzt sich fühlen, in seine Zeit des Glanzes von Versailles, welches damals der herrlichste, strahlendste Königssitz von Europa war“*, erfuhr von Leonrod wiederum in einem Brief des Königs.

Und nun sollte Ähnliches inmitten der Alpen entstehen. Stück für Stück wuchs eine Villa heran, die Schlaf-, Ess- und Arbeitszimmer sowie vier Eckkabinette in einheitlicher Ausstattung im Stil des Rokoko aufweist.

Woher kommt aber der Bezug des Wittelsbachers Ludwig II. zu den französischen Herrschern und deren Hauptschloss Versailles? Ludwig erhielt bereits als Kind durch seinen Großonkel Adalbert von Bayern (1828–1875) eine Einweisung in die Zeit der französischen Könige aus dem Haus der Bourbonen des 17. und 18. Jahrhunderts als besonderes Vorbild für ein macht- und prachtvolles Herrschertum. Da Ludwig über seinen Großvater Ludwig I. von Bayern – dessen Taufpate war König Ludwig XVI. von Frankreich (Ururenkel des Sonnenkönigs Ludwig XIV.) – eine familiäre Linie zu den französischen Königen herstellen konnte, sah sich Ludwig in deren Tradition. Ebenso betrachtete er seinen Namen und seine Geburt am Tag des heiliggesprochenen Königs Ludwig IX. von Frankreich (s. Kapitel „Kapelle“) als schicksalhaftes Zeichen.

„Über Ludwig XIV. gelesen, Herrschergewalt, Zeit der Blüthe, des Glanzes des Königthums; Allmacht, Glorie der Majestät, königliche Gottheit“ und *„Wachsen des Königs-Gefühls“* trug Ludwig 1867 in sein Tagebuch ein, und 1869 – die Pläne

Aufgrund der vom König 1885 angeordneten Vergrößerung des Schlafzimmers gegen Norden mussten von der Wasserkaskade rund drei Meter abgebrochen und die Neptungruppe versetzt werden. Nach dem Tod des Königs wurde auf ein Verputzen und Gestalten der unteren Brunnennische verzichtet.

für „Tmeicos Ettal" nahmen immer konkretere Formen an – orderte der König Unmengen Literatur zu Frankreich und den Bourbonen. Ludwig forderte selbst seltene Bücher zum gesamten Themenspektrum Bourbonen und Frankreich im 17. und 18. Jahrhundert an. Somit entwickelte er sich zu einem Spezialisten dieser Epoche der französischen Geschichte, wobei ihm auch seine ausgezeichneten Sprachkenntnisse in Französisch halfen.

König Ludwig II. war nicht nur ein absoluter Kenner der Zeit, der Ereignisse und des Stils im Frankreich des 17. und 18. Jahrhunderts, sondern auch detailversessen und ungeduldig. Das gilt für alle seine Bauplanungen. So besichtigte Ludwig im Oktober 1872 den Anbau und war enttäuscht: „... *Seine Majestät seien sehr ungehalten, weil Majestät mit der Vollendung der Arbeiten hier so angeführt worden sind. Daß die Genien über den Thüren und am Plafond sowie die Bavaria im Arbeitszimmer weiß sind, sei von Hrn. Dollmann sehr geschmacklos, Majestät seien darüber sehr erstaunt und erzürnt und sollen obige gleich vergoldet werden. Ebenso geschmacklos sei im Arbeitszimmer, daß der untere Theil derselben Goldverzierungen auf grünem Grunde habe, statt auf weißem; für solche Geschmacklosigkeit existiere gar kein Ausdruck.*"
Es ist überhaupt erstaunlich, dass Ludwigs Architekturen im Wesentlichen durch schriftliche Befehle und noch dazu überwiegend über Vermittler zwischen König und Künstler bzw. Architekten entstanden sind. Das setzt beim Bauherrn ein überaus strukturiertes Denken und vor allem hervorragendes Gedächtnis voraus. Schließlich war der König nicht nur mit einem „zweifachen Linderhof" (Erweiterung des bestehenden Königshäuschens und Planungen für ein „Tmeicos-Ettal-Versailles") beschäftigt, sondern auch mit seiner Wohnung in der Münchner Residenz, dem dortigen Wintergarten, dem Berghaus auf dem Schachen mit orientalischem Saal im Wettersteingebirge, einem byzantinischen Projekt und der „Neuen Burg Hohenschwangau" (= Schloss Neuschwanstein).
In Linderhof wuchsen die Wünsche des Königs und damit auch die Planungen für den Anbau. Auf dem Zeichentisch des Architekten folgte dem (bereits vorhandenen und eingerichteten!) Flügel auf der Ostseite achsensymmetrisch gespiegelt ein Flügel im Westen. Zwischen diesen kam als verbindender Raum ein Schlafzimmer. Da Ludwig einen vergrößerten Ovalraum (Speisezimmer) wünschte, musste der Ostteil aber zunächst wieder abgerissen werden. Dem gegenüber – im gänzlich neuen Flügel auf der Westseite – kam das gleich große Arbeitszimmer.
Bisher folgte auf einem gemauerten Sockelgeschoss im Obergeschoss ein hölzerner Ständerbau. Dies ermöglichte ein schnelles Bauen. Mit dem Einfügen des Schlafzimmers entstand nun zwischen dem „Königshäuschen" und den Anbauten ein geschlossener Innenhof. Georg Dollmann empfahl dem König, das stilistisch und von den Proportionen her unpassende „Königshäuschen" abzureißen und an seiner Stelle einen neuen Baukörper zu errichten. Zudem sollten alle tragenden Wände gemauert und das gesamte Gebäude einheitlich mit einer Steinfassade umkleidet werden. Dass sich der König mit der Entscheidung lange Zeit ließ, verweist auf die emotionale Bindung an das alte Haus. Dieses hatte er womöglich erstmals im August 1860 zusammen mit seinem Bruder

Efeu macht die unvollendete Nische der Neptungruppe ansehnlicher. Im September 1877 wurde am unteren Ende der Kaskade die von Michael Wagmüller (1839–1881) modellierte und von Ferdinand von Miller (1813–1887) gegossene Pferdegruppe aus Zinkguss aufgestellt. Im Jahr darauf war die Anlage mit der Figur des Gottes Neptun vollendet. Wagmüller war für Ludwig II. einer der wichtigsten Bildhauer.

Otto und seiner Mutter Königin Marie betreten – anlässlich einer Hofjagd seines Vaters Maximilian.

Anfang 1874 fiel der Entschluss: Das „Königshäuschen" konnte abgerissen, musste aber rund 200 Meter weiter westlich wieder aufgebaut werden – und blieb damit bis heute erhalten.

Im selben Jahr wurde auch der Linder-Hof abgerissen. Das gewonnene Baumaterial wurde wohl für ein neues Ökonomiegebäude verwendet, aus dem knapp 15 Jahre später das heutige Schlosshotel erwuchs. Die beiden alten Haushälterinnen, die das alte Hofgebäude noch bewohnten, zogen nach Eschenlohe. Zuvor jedoch, so heißt es, habe der König sie *„reichlich beschenkt"*.

Während sich aus den ursprünglichen Anbauten des „Königshäuschens" ein heute weltberühmtes Touristenziel entwickelte, gingen die Planungen für „Tmeicos Ettal" in eine ganz andere Richtung: Ludwig II. hatte im September 1873 die Herreninsel im Chiemsee erworben. Hier nun sah er die Möglichkeit, ein Schloss wie Versailles zu errichten, für das aus Platzgründen im Graswangtal keine Chance auf Verwirklichung bestand. Insofern haben sich aus einer Idee für Linderhof zwei Schlösser entwickelt. Der Grundstein für Schloss Herrenchiemsee wurde 1878 gelegt.

Während das Schloss auf der Chiemsee-Insel unvollendet blieb, gilt Linderhof als das *„einzig vollendete Schloss Ludwigs"*. Das ist nicht korrekt. Ludwigs neues – und erstes! – Schloss (im Charakter einer Villa) konnte er zwar ab 1876 – nach dem Ende der Ausstattungsarbeiten im nun fertigen Südtrakt mit dem Spiegelzimmer – bewohnen und nutzen. Doch wer Ludwig II. kennt, weiß, dass so etwas kein Ende des Bauens bedeutet. Im Herbst 1884 ereilte den Nachfolger Dollmanns, den Architekten Julius Hofmann (1840–1896), gewiss ein Schlag, als er von einer neuen Idee des Königs erfuhr: Das bestehende Schlafzimmer sollte wesentlich vergrößert werden. Als Vorbild wurde das Schlafzimmer in den Reichen Zimmern der Münchner Residenz bestimmt. Es war Karl Albrecht von Bayern (1697–1745), der diese prächtige Raumflucht von 1730 bis 1737 durch den Architekten François Cuvilliés den Älteren

anlegen und ausstatten ließ. Mit den Reichen Zimmern unterstrich der Kurfürst und Vorfahre Ludwigs II. seinen Anspruch auf die Kaiserwürde, die er dann 1742 auch erlangte (s. Kapitel „Hubertuspavillon“).

Der Wunsch, besser Befehl, des Königs hatte Auswirkungen auf den gesamten Bau: „*... kann im Bau der neuen Seitenmauern eine Construction mit Eisen angewendet werden, daß sowohl das Bad als auch das kleine Badetoilettenzimmer verschont bleiben*“, beruhigte der Architekt den König. Im Juni 1885 wurde das Schlafzimmer abgebrochen. Ebenso musste die Wasserkaskade im Garten um drei Meter verkürzt und die Brunnengruppe versetzt werden. Damit gewann man den nötigen Bauplatz unter Beibehalt des Abstandes zwischen Innen- und Gartenraum.

Als der König im Juni 1886 starb, war das Schlafzimmer noch unvollendet. Einige Wandverkleidungen waren zwar bereits angebracht und das Deckengemälde fertig, doch es roch noch nach Baustelle. Erst 1887 entschlossen sich die Verantwortlichen, den Raum in vereinfachter Form zu vollenden. So sehen ihn die Besucher bis heute.

Beinahe hätte Ludwig II. sein „*Juwel*“ Schloss Linderhof doch noch wiedergesehen – als Gefangener! Bevor Schloss Berg am Starnberger See als Unterbringungsort für den abgesetzten König bestimmt wurde, war Linderhof als Königs-Gefängnis im Gespräch. Doch davon nahm man wieder Abstand: wegen der schlechteren Erreichbarkeit, der Sympathie, die die Bewohner der Region für den König hegten, und der schwierigen Abschottung des Geländes.

Heinrich Breling wurde von Ludwig II. beauftragt, Ansichten aller vollendeten Bauten in Linderhof zu malen. Direkt nach dem Tod seines Auftraggebers nutzte der Maler seine Kenntnisse, um in einer neuen Serie der Ludwig-Bauten überlieferte Szenen aus dem Leben des Königs hineinzukomponieren. Auch der Aufenthalt Ludwigs auf der Terrasse der Linderhofer Linde gehört zu diesen posthumen Darstellungen.

Die Linde

Speisen, schauen und lesen im Geäst

Sie trotzt seit rund drei Jahrhunderten allen Veränderungen, die sich um sie herum ereigneten: Die Linde von Linderhof. Entgegen einer landläufigen Vermutung geht von diesem Solitärbaum nicht der Name des Ortes zurück. Vielmehr kommt einer der ersten Besitzer ins Spiel, dem das Kloster Ettal im 15. Jahrhundert den Hof verlieh. Doch woher Hans Linder seinen Namen hatte …?

Ludwig II. jedenfalls bestimmte, dass der Baum unbedingt erhalten bleiben und gepflegt werden müsse. Auch wenn der König bei seinen auf zahlreichen Vorbildern fußenden Bauten stets Authentizität und Gestaltungstreue einforderte, setzte er in allen seinen Schlossbauten auch Kontrapunkte: Der große Baum passt ganz und gar nicht in die symmetrische Terrassenanlage, die italienische Renaissancegärten zum Vorbild hat.

Für Ludwig war die Linde mehr als nur ein altehrwürdiger Baum und damit Zeuge vergangener Jahrhunderte. Vielmehr nutzte er sie auf seine Art: Als Ort zum Speisen und Lesen sowie als Beobachtungsposten während der Bauaktivitäten. In zwölf Metern Höhe ließ er 1874 oder kurz zuvor (s. Fotografie in der vorderen Klappen-Innenseite) eine Plattform einbauen, zu der eine schlichte, mit Baumrinde ummantelte Treppe hinaufführte. Auf der allseitig mit einem Holzgeländer versehenen Baumterrasse standen für den König und einen möglichen Gast ein Tisch und zwei Stühle bereit. Zeitzeugen berichten, dass Ludwig hier hin und wieder sein Essen einnahm. Im Juni 1881 kam der Schauspieler Josef Kainz (1858–1910) in den besonderen Genuss eines Mahles zwischen den Ästen. Er war vom König für einige Tage nach Linderhof eingeladen worden.

Die Linde spielte für Ludwig in der Nutzung bzw. im „Programmablauf" seines Linderhofer Anwesens eine größere Rolle. Das offenbaren zwei erhaltene Briefe an den Komponisten Richard Wagner: *„Hoch auf einer selten schönen, astreichen Linde, auf welcher ich Tisch und Sitze mir herrichten ließ, schreibe ich Ihnen … – Es ist herrlich schön hier oben, von wo aus ich mein liebgewonnenes Territorium des Linderhofs*

Fürst Hermann von Pückler-Muskau war ein bedeutender Landschaftsarchitekt. Im Park seines Schlosses Branitz bei Cottbus ließ er in eine Fichten-Gruppe eine Treppenanlage einbauen (Holzstich von Wilhelm Aarland *„nach einer Zeichnung von Winkler"*, 1863).

überblicken kann ...", las der Empfänger im August 1876, als in Bayreuth zeitgleich die ersten Festspiele über die Bühne gingen. Fast genau ein Jahr später kündigt Ludwig gegenüber Wagner an: *„Ich begebe mich ... nach dem geliebten, traulichen Linderhofe auf einige Tage, um dort auf hoher Linde ... in fesselnde Lektüre mich zu stürzen."*

Da das Baum-Podium bereits vor dem Bau der Gartenanlage errichtet wurde, war es Ludwig möglich, von dort aus das Baugeschehen und das Wachsen seiner Schöpfung zu beobachten, ganz ähnlich wie auf der Herreninsel und auf Schloss Hohenschwangau. Auf der Insel im Chiemsee mussten Bäume gekappt werden, damit der König von seinen Wohnräumen im ehemaligen Chorherrenstift („Altes Schloss") aus mit einem Fernrohr die Baufortschritte des Neuen Schlosses Herrenchiemsee verfolgen konnte. Und im Schloss Hohenschwangau hat sich das Instrumentarium erhalten, das Ludwig das Geschehen auf der gegenüberliegenden Baustelle von Schloss Neuschwanstein heranholte.

Ob Ludwig in Linderhof ein optisches Gerät nutzte und wenn ja, welches, ist nicht überliefert. Der deutsche Genre- und Historienmaler Heinrich Breling (1849–1914) zumindest nutzte die Kenntnis der örtlichen Gegebenheiten und der Erzählungen über den König, um in einem Aquarell Ludwig auf der Linden-Terrasse mit kleinem Fernrohr darzustellen.

Einbauten in Bäumen waren nicht selten. Ludwig konnte auf zahlreiche Vorbilder zurückgreifen. Thematisch nahe war La Granja de San Ildefonso bei Madrid. Im Park dieses Bourbonen-Schlosses gab es eine ähnliche Baumterrasse. La Granja regte Ludwig übrigens (auch) an, die pyramidalen Einbauten in den zwei großen Brunnenbecken für die Wasseranlagen von Herrenchiemsee zu übernehmen.

Bereits einige Jahre vorher ließ der Landschaftsarchitekt Fürst Hermann von Pückler-Muskau (1785–1871) im Garten seines Schlosses Branitz eine Treppenanlage in eine Fichtengruppe installieren.

Im Todesjahr Ludwigs erregte ein besonderer Baum Aufmerksamkeit: In einer der auflagenstärksten Publikationen seiner Zeit, der „Gartenlaube", erschien ein illustrierter Beitrag über die „Kaisereiche zu Eppelborn" nördlich von Saarbrücken. Auf sieben Podesten verteilten sich ein Tisch, ein Kaffeeschrank, in Spiritus eingelegte Tiere, eine Fassanlage, ein Musikinstrument und vieles mehr. Der Berichterstatter schrieb dieses Kuriosum *„der Sitte unserer Altvordern"* zu. Bei Ludwig indes gilt die Terrasse als ein weiterer Beleg für seinen vermeintlichen Verlust an Bodenhaftung.

Während der Baum von Eppelborn 1930 gefällt wurde, geht es der Linderhofer Linde relativ gut. Seit längerer Zeit ist der Baum in den unteren Metern hohl. Die Krone jedoch zeigt sich vital. Von den Einbauten des Königs hat sich nichts erhalten.

Ludwig war die Baumterrasse im Park von La Granja de San Ildefonso bei Madrid bekannt. Von der Gartenanlage dieses Schlosses stammt die Anregung, in die Wasserbecken von Schloss Herrenchiemsee den Fortuna- und den Famabrunnen einzubauen.

Georg Dollmann, der federführende Architekt, unterbreitete dem König 1875 diesen Vorschlag eines Kapellen-Neubaus im Stil des „klassizistischen" französischen Barock. Die aquarellierte Seitenansicht zeigt eine zentrale Figurennische, deutet die Hauptfassade mit einem Säulenportikus an und besticht durch ein laternenbekröntes Kuppeldach. Bereits 1880 gelangte die Überlegung des Königs, eine Kapelle am oberen Ende der Kaskade zu errichten, in die Presse. Der „Deutsche Hausschatz" veröffentlichte diesen Holzschnitt (Seite 23).

Die Kapelle

Sakrament für Knecht und König

Der älteste Bau von Linderhof wäre beinahe der Spitzhacke zum Opfer gefallen. Auf allerhöchsten Befehl König Ludwigs. Und das, obwohl die der Heiligen Anna gewidmete Kapelle dort das einzige originale Bauwerk aus der Barockzeit ist. Genau aus der Zeit, der der Monarch mit der Gartengestaltung und teilweise mit Schloss Linderhof selbst deutliche Referenz erwies.

Die Geschichte dieses kleinen, mit Holz verschindelten Kirchleins setzt 1684 ein. Der Ettaler Abt Roman Schretter (amtierte 1675–1697) ließ damals die einschiffige Kirche östlich des Lynder-Hofes errichten. Dies geschah wohl, um den Menschen vor Ort einen Raum zum Beten zu schaffen; zumal der Weg zum Kloster Ettal wertvolle Zeit in der Landwirtschaft gekostet hätte. Dennoch wird wohl nur selten ein Geistlicher eigens aus Ettal zur Kapelle gekommen sein. Die eigentliche urkundlich dokumentierte Einweihung geschah dann auch erst im September 1708. Niemand Geringerer als der Freisinger Fürstbischof Johann Franz Eckher von Kapfing und Liechteneck (1649–1727) nahm die Kapellenkonsekration vor.

Maximilian II., gläubiger Katholik und spiritistisch veranlagt, wird gewiss während seiner Aufenthalte im nur wenige Schritte von der Kapelle entfernten Nebengebäude des Gutshofes die Kapelle aufgesucht haben. An ihr verändert hat er offenbar nichts. Weder in der Ausstattung, noch am Baukörper.

„Ich möchte nun in der Nähe der am Linderhofe zu errichtenden Kapelle ebenfalls einen kleinen Pavillon mir erbauen ... lassen“, beginnen die Zeilen Ludwigs, die quasi als „Gründungsurkunde“ für das Schloss Linderhof gelten. Sie wurden am 28. November 1868 verfasst. Bereits mehr als drei Wochen vorher notiert der junge König in seinem Tagebuch: *„Platz für die neu zu errichtende Kapelle abgesteckt.“*

Damit war ein frei stehendes Sakralgebäude mit einer Länge von 24 Metern gemeint. Es sollte sich in der äußeren Gestalt an der Kapelle von Schloss Versailles orientieren. Einer Kostenaufstellung vom 1. Dezember 1868 ist zu entnehmen, dass für das Innere vornehmlich *„Marmor und Gold“* vorgesehen waren.

Demnach stand also eine Kapelle am Beginn aller nachfolgenden und zahlreichen Bauideen à la Versailles. Wochen nach dem Wunsch nach einer Kapelle folgte der Gedanke, dieser ein Wohngebäude (*„Pavillon“*) gegenüberzusetzen. Von dessen Schlafzimmer sollte der Blick direkt

Ludwig ließ 1870/71 die bestehende barocke Kapelle restaurieren und neu ausstatten. Seitdem gibt es das Kreuzrippengewölbe mit den gemalten goldenen Sternen auf blauem Grund. Die neuen Glasfenster zeigen die Könige Richard I. (Löwenherz) von England und Ludwig IX. von Frankreich sowie Jesus Christus und Maria mit dem Kind. Alle Fenster entstanden in der Kunstanstalt Franz Xaver Zettler in München nach Entwürfen von Andreas Müller (Figuren) und Julius Hofmann (Ornamente).

auf die Hauptfassade des Kapellenneubaus fallen. Und der König drängte: *„Sehr viel liegt mir daran, die Pläne für die Kapelle am Linderhof baldigst vorgelegt zu erhalten ...“*, adressierte er an seinen Hofsekretär Lorenz von Düfflipp im Januar 1869.

Kann man bei Ludwig an Zufälle glauben? Wohl eher nicht: Die Kapelle von Versailles gründet ideengeschichtlich in der Sainte Chapelle in Paris, der von König Ludwig IX. von Frankreich errichteten Hofkapelle (1244–1248). Sie war gleichsam der Schrein für die erworbenen Passionsreliquien. Die von Kaiser Ludwig dem Bayern 1330 gegründete Klosterkirche in Ettal wiederum verband Ludwig II. mit dem Gralstempel zu Mont Salvat. Passion und Gral sowie königlicher Bau und kaiserliche Stiftung mögen eine gewichtige Rolle für Ludwig gespielt haben, in der Nähe von Ettal eine eigene Kapelle mit majestätischem Erscheinungsbild besitzen und nutzen zu wollen. Die kleine bereits vorhandene Kapelle am Linderhof belegte der König offensichtlich mit einem gewissen Sentiment. Er ließ sie 1870/71 restaurieren und neu ausstatten. Das barocke Gewölbe wich einem gotischen Kreuzrippengewölbe mit goldenen Sternen auf blauem Grund. Eines der neuen Glasfenster zeigt Ludwig IX. von Frankreich. Die ausführende Glaskunstanstalt Franz Xaver Zettler in München lieferte auch für die Kapellen in Schloss Neuschwanstein und in der Vorderriss ein Glasgemälde mit dem 1297 heiliggesprochenen französischen König.

„Der König empfindet es als störend, wenn nach dem Abbruch der alten Ökonomiegebäude die alte Kapelle stehen bliebe. Abbrechen und eine einfache Rococokapelle an den Platz oberhalb der Cascade vis à vis des Schlafzimmers bauen“, gab Ludwig 1874 über seinen Hofsekretär den Befehl. Dieses Projekt wurde erst 1876 aufgegeben. Die alte Kapelle durfte weiter existieren. Es folgten gartenkünstlerische Eingriffe. Seitdem trennen hohe Hecken und Baumgruppen das sakrale Bauwerk optisch vom Schloss. Zugleich hebt sich dieses deutlicher von der natürlichen Landschaft ab, da ein kleiner Kiesplatz es als Denkmal aus vergangenen Jahrhunderten hervorhebt.

Regelmäßig ließ Ludwig in der Kapelle für sich und alle Ortsbewohner die Heilige Messe vom Ettaler Pfarrer zelebrieren. Das war – Ludwigs Anwesenheit in Linderhof vorausgesetzt – vor allem an Sonn- und Feiertagen, am Neujahrstag vormittags oder am 2. Januar nach Mitternacht sowie am Sonntag vor oder nach seinem Geburts- und Namenstag am 25. August. Es ist der Todestag des Heiligen Ludwig von Frankreich.

Am 30. Mai 1886, einem Sonntag, morgens um sieben Uhr, schritt Ludwig in Anwesenheit einiger Bediensteter und Anwohner in die Kapelle, um der heiligen Messe beizuwohnen. Es war der letzte Gottesdienst, den der König in Linderhof erlebte. Knapp zwei Wochen später starb er als abgesetzter und für verrückt erklärter Monarch im oder am Starnberger See.

Als nach dem Ableben Ludwigs II. die Spekulationen ins Kraut schossen und die Neugier auf die Königsschlösser wie eine Flutwelle über Europa schwappte, publizierte die „Neue Illustrirte Zeitung“ einen Holzschnitt. Dieses als *„Kapelle und Cascade in Linderhof“* bezeichnete Bild sollte den Lesern die reale Situation *(„Nach der Natur gezeichnet.“)* beim Schloss Linderhof zeigen (Abbildung Seite 23) Was sie jedoch zu sehen bekamen, war eine Illustration, die bereits 1880 im „Deutschen Hausschatz“ abgedruckt worden war – zu einer Zeit, als man eher auf Spekulationen denn auf eigene Anschauungen angewiesen war. Das Erstaunliche ist hier weniger die Lüge von 1886, als die Tatsache, dass das Bild von 1880 genau das wiedergibt, was sich der König einmal gewünscht hatte: Eine Kapelle im barocken Stil oberhalb der Kaskade. Deren Erscheinungsbild ist nahezu identisch mit einer für Ludwig – und nur für ihn – gemalten Ansicht der geplanten Kapelle. Es fragt sich, wer aus der Hofbauintendanz das „Leck“ war.

1867 weitete sich die Weltausstellung erstmals seit Beginn dieser Präsentationsform über das zentrale Ausstellungsgebäude auf ein Freigelände aus. Ein deutscher Besucher schrieb von einem *„verwirrenden Gedränge von kleinen Gebäuden der verschiedensten Art“*. Mittendrin: der Maurische Kiosk an einem kleinen See. Der Kiosk stand im „preußischen Park“, der von Gärtnern aus Potsdam-Sanssouci gestaltet worden war.

Der Maurische Kiosk

Preußischer Eisenguss unterm Halbmond

Als Ludwig II. am 22. Juli 1867 in Paris eintraf, konnte er weder die Folgen für sein künftiges Schaffen als Bauherr ahnen noch das vorzeitige Ende seines Aufenthaltes eine Woche später. Es war die erste größere Reise des seit drei Jahren regierenden Königs von Bayern. Dieser sollten in seinen knapp zwanzig folgenden Lebensjahren auch nicht mehr allzu viele folgen – von den „imaginären Reisen" in Gedanken einmal abgesehen. Ludwig schwankte noch Tage vor seiner Abfahrt zwischen Neugier auf die am 1. April eröffnete Weltausstellung („Exposition universelle des produits agricoles et industriels") und Abscheu vor höfischen Verpflichtungen und der Begegnung mit Kaiser Napoleon III. (1808–1873). In einem Brief an Richard Wagner (12. Juli 1867) trat er zwar besonders moralisierend, fast theatralisch auf: *„Es ist möglich, daß ich ... mich nach Paris zur Ausstellung begeben werde, obwohl*

Ludwig II. nutzte den Kiosk ab Ende 1877 nach umfangreichen Umbau- und Einrichtungsmaßnahmen. Insbesondere wurde die innere Arkade durch Vielpass- und Hufeisenbögen „orientalischer". In der angebauten Nische steht der neue Pfauenthron. Diese kolorierte Ansichtskarte (um 1910) zeigt die komplette Ausstattung aus der Zeit des Königs, wie sie vor Ort heute nicht mehr zu sehen ist.

jede Faser meines Wesens sich dagegen sträubt, das moderne Babylon, das ich verabscheue, zu besuchen. Ich hasse Paris, das ich als den Sitz der Herrschaft der Materie, der gemeinen Sinnlichkeit und gottlosen Frivolität halte ...“ Gegenüber seinem Vetter Wilhelm von Hessen klang er sechs Tage später bereits ein wenig anders, wenn er schreibt: *„Sehr interessiert es mich, die Ausstellung sowie die berühmte Weltstadt überhaupt sehen zu können ...“*

Die Wahrheit liegt irgendwo dazwischen. Ludwig, der stets Schwankende, sah ein, dass mit der Reise politische Hoffnungen verbunden waren, die er zu erfüllen habe. Eine Annäherung an Frankreich war dringend geboten, vor allem nach dem deutsch-deutschen Krieg 1866, der die Hegemonie Preußens – und damit eines Gegners Frankreichs – gefestigt und das Misstrauen westlich des Rheins verstärkt hatte.

Ludwig bestand aber darauf, unter dem Namen „Graf von Berg“ inkognito nach Paris zu reisen. Das war allerdings absolut ineffektiv. Denn nicht nur wurde er in dem von hohen und höchsten Herrschaften bevölkerten Weltausstellungs-Paris erkannt, auch die Pariser Zeitungen berichteten von seiner Anwesenheit – mit Bild.

Napoleon III. zeigte sich als perfekter Gastgeber. Ludwig traf auch den König von Portugal und jeden Abend stand ein Theaterbesuch auf dem Programm. Ludwig konnte schwelgen. Erst recht auf der Weltausstellung, die erstmals in ihrer noch jungen Geschichte (es war die vierte Präsentation dieser Art) nicht nur ein zentrales und riesengroßes Ausstellungsgebäude umfasste, sondern auch das umgebende Freigelände. Es war auf dem Marsfeld (Champ de Mars), wo 22 Jahre später der Eiffelturm stehen wird, eine Art architektonisches Freilichtmuseum entstanden.

Etwa gleichzeitig war auch der Maler und Kunstkritiker Friedrich Pecht (1814–1903) vor Ort. Um dessen Wagner-Porträt für Ludwig II. hatte es zwei Jahre zuvor wegen der Bezahlung einen Skandal in München gegeben. Pecht zeigte sich begeistert von der Ausstellung: *„Daß die Weltausstellung in der That eine einzige unvergleichliche Erscheinung, eine wahrhafte Personification moderner Cultur, eins der Wunder unsers Jahrhunderts sei, wird sich heute jeder Besucher gestehen müssen.“* Mittendrin in diesem „Wunder“ betrachtete ein fast zwei Meter großer und begeisterungsfähiger, bald 22-Jähriger Tropfsteingrotten, einen Wasserfall, Palmen- und Kaktushäuser, ein Aquarium sowie Produkte und Gebäude aus 32 Ländern von Tunesien (s. Kapitel „Der Arabische Pavillon“) über Russland bis China. Es ist möglich, dass der König von Bayern am Besucher Jules Verne (1828–1905) vorbeilief und die erste Präsentation eines hydraulischen Personenaufzugs mitbekam.

Weniger diese nahezu revolutionäre Erfindung (kein Hochhausbau ohne Fahrstuhl!) sollte Ludwigs (Bauherren-)Leben beeinflussen als vielmehr ein ganz besonderer Ausdruck der

Der Kiosk diente auf der Weltausstellung nicht als Verkaufsraum länderspezifischer Produkte. Vielmehr – und das zeigt die Innenansicht in der „Illustrirten Zeitung“ vom 27. Juli 1867 – war das Gebäude selbst das Schau- und vor allem Erlebnisobjekt. Es fällt auf, dass in dieser Ansicht die Arkaden keine Hufeisenbögen aufweisen. Diese entstanden erst mit dem Umbau für Ludwig II.

Orientmode, die Europa bereits seit Jahrzehnten erfasst hatte. Im preußischen Park – mit einem „preußischen Schulhaus“ (das Ludwig besichtigte!) und einem Reiterstandbild von Wilhelm I. (das später an der Rheinbrücke von Köln aufgestellt werden sollte) – glänzte eine goldene Kuppel in den blauen Pariser Himmel: Der obere Abschluss eines orientalisch aussehenden Gebäudes vom Berliner Architekten Carl von Diebitsch (1819–1869).

Preußen und Orient? Von Diebitsch war der offizielle Vertreter des Königreiches für Architektur. Auf eigene Kosten und damit eigenes Risiko entwarf er ein Gebäude, das wegen der attraktiven Erscheinung beim Publikum nicht nur größte Aufmerksamkeit erzielte, sondern auch für Preußen als Land des Eisenkunstgusses warb. Die Konstruktion des Gebäudes besteht aus einem Gerüst aus Eisen und Holz, an das außen Eisen- und Zinkguss-, innen zudem Gipsplatten angeschraubt sind. Alles war in Berlin vorgefertigt und in Einzelteilen nach Paris transportiert worden.

Der Kiosk war im Gegensatz zu den anderen Bauten auf dem Marsfeld ausschließlich das eigentliche Ausstellungsobjekt und kein Raum, um zusätzlich Produkte aus Industrie und Handwerk wie in einem Laden vorzuzeigen. Carl von Diebitsch war ein Vorreiter. Überaus akribisch hatte er sich 1846/47 während einer Studienreise durch Spanien der islamischen Kunst von al-Andalus gewidmet und allein ein halbes Jahr in Granada zugebracht, um den maurischen Königspalast Alhambra eingehend zu studieren. Seine vor Ort entstandenen Bleistiftskizzen und Aquarelle waren ihm in den kommenden zwei Jahrzehnten eine Quelle, aus der heraus er vor allem die Dekorationen in seinen eigenen Entwürfen und Bauten verwendete. Die islamischen Ornamente kombinierte er mit einer Architekturauffassung, die er an der Allgemeinen Bauschule in Berlin studiert hatte. Letztlich war von Diebitsch in Paris ein herausragender Vertreter der Berliner Baukunst, die durch einen immer stärker ausgeprägten Stilpluralismus bestach. Wesentlich sind es die Bauten König Friedrich Wilhelms IV. von Preußen, einem Taufpaten Ludwigs II., die bis heute (und da vornehmlich in Potsdam) eindrucksvoll von den stilpluralistischen

Tendenzen in der damaligen Architektur Preußens zeugen.

Carl von Diebitsch, der als Spezialist für den maurischen, also spanisch-islamischen Stil galt, hatte zeitgleich zum Entwurf und Bau des Maurischen Kiosk einen Kiosk für den Park von Gezira in Kairo errichtet – aus Eisenguss. Auftraggeber war der Vizekönig von Ägypten, von dem er seit 1862 Aufträge erhielt. Für beide Bauwerke kombinierte der Architekt

Der Berliner „Eisenbahnkönig" Bethel Henry Strousberg erwarb den Kiosk für seine Besitzung in Zbirow. Der Kiosk kam in die vor dem Schloss gestaltete Parkanlage mit Terrassen, Fontänen und Gewächshäusern. Doch die Kuppel glänzte nur wenige Jahre über böhmisches Land. Strousberg ging 1875 in Konkurs. Die *„besondere Zierde der Anlage"* erwarb dann Ludwig II.

1867 verlobte sich Ludwig mit Prinzessin Sophie in Bayern. Das Eheversprechen wurde im selben Jahr wieder gelöst. Der Arm der Braut ist aus dem offiziellen Verlobungsfoto „verbannt", der schwarze Fleck war ihre Hand.

Ornamente nach Vorbildern in der Architektur Kairos, der Moschee von Cordoba und vor allem der Alhambra.

Unter einem Kiosk (von türkisch Köşk, „Gartenpavillon") versteht man einen vereinzelt stehenden, eher nach allen Seiten offenen Pavillon in einem Park, der unterschiedlichen Zwecken dient: Feiern, Empfängen, Einnahme von Mahlzeiten oder als geschützter Aussichtspunkt.

Kaum ein Ausstellungskommentar zur Weltausstellung kam ohne eine Beschreibung oder zumindest Erwähnung des Maurischen Kiosk aus – der mediale Erfolg gab Preußen bzw. von Diebitsch offensichtlich Recht. Jedoch wurde in den meisten Berichten von einem „arabischen" oder „maurischen Pavillon" geschrieben, die Bezeichnung Maurischer Kiosk setzte sich erst später durch. Dabei war das Adjektiv maurisch wegen der vom Architekten gewählten Dekorationen absolut berechtigt: Die Ornamentik geht vor allem auf spanisch-maghrebinische Vorbilder zurück.

Ludwig II. wird die Namens- und Stilfrage weniger berührt haben als das Raumerlebnis selbst. Da es uns an einer Beschreibung von des Königs Hand oder Mund mangelt, darf der Korrespondent der „Illustrirten Zeitung" aus Leipzig zu Wort kommen. *„Es gibt auf dem ganzen Marsfelde neben dem kaiserlichen Pavillon nichts reicheres, Wirkungsvolleres als diesen fünffach gekuppelten Bau ... Das funkelt und flimmert wie Edelgestein, und da das Licht von allen vier Seiten sich durch Fenster und Thüren leise hineinstehlen kann, freilich stets durch Hindernisse von farbigem Glase, von seidenen Vorhängen oder feinen Arabesken unterbrochen ..."*

Die Leser bekamen am 27. Juli 1867 zusätzlich eine Illustration des Innenraumes abgedruckt (Abbildung Seite 31), bei der links im Bild eine zweiflügelige Tür nach Art der charakteristischen Holzgitter in der islamischen Architektur und die mittig konzentrierten Einrichtungsgegenstände ins Auge fallen.

Es herrschte ein großer Andrang in diesem eingeschossigen Zentralbau mit Tambourkuppel. Rot-, Blau- und Goldtöne (manche Besucher erwähnen auch Silber) in den Wandplatten

Ludwig bat, die Umgebung des Kiosks *„in einen Garten zu verwandeln, der mit exotischem Gewächs bepflanzt sein muß, Orangenbäume, Palmen, Rosen dürfen nicht fehlen."* Der Nebeneffekt der elektrischen Beleuchtung war hingegen weniger angenehm: *„Die ... Mängel der elektrischen Lampen, vor allem das Geräusch,* [treten] *hier noch in erhöhtem Maße hervor ..."*, heißt es in einem Gutachten für den König.

aus Eisen, Gips und Holz sowie Buntglasfenster umfingen die Besucher. Ein plätschernder Springbrunnen mit zweifarbigem Glas und südländische Pflanzen erhöhten den Eindruck des Fremdartigen im preußischen Park an der Seine. Wen interessierte es dabei, dass die islamisch-spanische Architektur keine Glasmalerei-Tradition aufweist und von Diebitsch auch hier Neuschöpfungen vornahm? Wie überhaupt alles von ihm entworfen worden war, bis hin zu den Beleuchtungskörpern.

Trotz der immensen Aufmerksamkeit, trotz der nahezu durchweg positiven Kritik und trotz des künstlerischen wie finanziellen Einsatzes des Architekten: Die Hoffnung, den Kiosk mit Ende der Weltausstellung zu verkaufen, zerschlug sich. Dabei war der Bau gerade wegen der verwendeten Materialien und der Konstruktion vergleichsweise kostengünstig und leicht transportabel.

Ludwig zumindest hat den Maurischen Kiosk von seinem Besuch an nicht mehr vergessen. Als der König wegen des Todes seines Onkels Otto von Griechenland (1815–1867) früher als gewünscht zurück nach München aufbrechen musste, hatte er gewiss Fotografien vom Kiosk im Gepäck. Von solchen ist nämlich die Rede, als Ludwig für seinen neuen Wintergarten auf dem Dach der Münchner Residenz einen eigenen maurischen Kiosk in Auftrag gab. Warum er nicht gleich das Vorbild erwarb, ist unbekannt. Eventuell glaubte er Gerüchten, dass es bereits einen Käufer gäbe.

Carl von Diebitsch musste jedenfalls im November 1867 alles einpacken lassen: Die Eisengussplatten (vermutlich aus dem „Gräflichen Einsiedel'schen Eisenwerk Lauchhammer"), die in seinem Berliner Wohnhaus („Maurisches Haus" genannt!) in einer eigenen Werkstatt geformten Gipsplatten, die in den Raum eingestellte Arkade mit schlanken Säulenbünden auf hohen Sockeln aus Eisenguss, die Kuppel aus getriebenem Messingblech und den alles bekrönenden Zinkgussstab mit aufgereihten Glaskugeln, die innen quecksilberverspiegelt sind. Alles fand im Bodenraum am Hafenplatz 4 in Berlin Platz, in von Diebitschs eigenen vier Wänden.

Ein Jahr nach der Weltausstellung in Paris erwarb der Bauunternehmer und Industrielle Bethel Henry Strousberg (1823–1884) in Böhmen die Herrschaft Zbirow mit dem gleichnamigen Schloss, das er umfassend umbauen ließ. Der auch „Eisenbahnkönig" genannte Großunternehmer mit luxuriösem Palais in der Berliner Wilhelmstraße suchte für den Park seines ferneren Anwesens passende, also beeindruckende Bauwerke – und wurde 1870 bei der Witwe des im Vorjahr verstorbenen Carl von Diebitsch fündig.

Strousberg ließ den zerlegten Maurischen Kiosk und die erhaltene Inneneinrichtung vom nahen Anhalter Bahnhof nach Böhmen bringen. Dort wurde das Bauwerk wieder zum Glänzen gebracht und in die nach Plänen des Berliner Gartendirektors Gustav Meyer

(1816–1877) gestaltete Parkanlage mit Terrassen, Fontänen und Gewächshäusern integriert. Doch es sollte nur wenige Jahre währen, dass die Kuppel des Kiosks über böhmisches Land glänzte. Bethel Henry Strousberg verspekulierte sein Vermögen und ging 1875 in Konkurs. Die *„besondere Zierde der Anlage"*, wie ein zeitgenössischer Besucher von Schloss Zbirow schrieb, geriet in die Konkursmasse. Ludwig II. bekam davon Wind und entsandte sofort seinen Architekten Georg von Dollmann nach Österreich-Ungarn, um über die Wirkung des Kiosks zu berichten. Während der Architekt für das im Stil der Neurenaissance umgebaute Schloss nur kritische Worte und den Kiosk *„sehr unglücklich situiert"* fand, zeigte er sich vom Bauwerk selbst angetan: *„Die decorative Ausstattung macht den Eindruck großer Aechtheit, sowohl in Farbe als in der Bas-Relief-Ornamentierung. Mit wenig Vergoldung und nur gebrochenen Farben ist eine angenehme und großartige Farbenharmonie erzielt ..."* Ludwig ließ sich mitreißen und befahl Kaufverhandlungen. Fast drei Monate musste der König zittern, bis Ende Mai 1876 die Gespräche des beauftragten Fürther Rechtsanwaltes mit der „Allgemeinen Österreichischen Bodencreditbank" als Gläubigerin erfolgreich endeten.

Nun ging die Reise des wieder einmal zerlegten Kiosks von Böhmen mit dem Zug bis nach Weilheim und von dort mit Pferdewägen nach Linderhof. Es war das erste Mal, dass der mittlerweile in Bauaufträgen erfahrene König ein bereits vorhandenes Gebäude erwarb – neun Jahre nach dem persönlichen Erlebnis.

Der König beließ es keinesfalls bei dem, was er nach Linderhof geliefert bekam. So wünschte er sich ergänzend einen Pfauenthron. Während aber der Aufstellungsort für den Kiosk in der Nähe der geplanten Venusgrotte schnell gefunden und ein hohes Sockelgeschoss vorbereitet war, ließ sich Ludwig bei seiner Entscheidung für den Thron viel Zeit. Franz Seitz legte Entwurf für Entwurf vor, bis der König mit einer Darstellung zufrieden war und die Herstellung des Pfauenthrons befahl. Eine Firma aus Lyon lieferte den sehr aufwändig gewebten Stoff, ein sogenanntes mehrfarbiges Lampasgewebe aus Seide und Goldfäden, das in München zu einem Diwan verarbeitet wurde. Die drei Pfauen, die den Herrschersitz flankieren bzw. krönen, wurden in Paris aus vergoldetem und emailleartig bemaltem Bronzeguss mit geschliffenen böhmischen Glassteinen in den Schweifrädern gefertigt. Die Modelle für die Tiere stammen wahrscheinlich vom Bildhauer Jean Perron. Der reiste eigens aus Paris nach Linderhof, um die Figuren korrekt einzurichten. Die letzte, 2016 abgeschlossene Restaurierung des Pfauenthrones nutzte man zu einer Korrektur: Endlich wenden die beiden seitlich aufgestellten Pfauen ihren Kopf wieder vom Thron und damit Herrscher weg. Irgendwann nach Ludwigs Tod waren die Pfauen vertauscht worden.

Dieser kostbare Thron kam im Kiosk in eine von Dollmann geplante halbrunde Nische, an der

Franz Seitz lieferte zahlreiche Entwürfe für einen Pfauenthron, bis der König zustimmte. Aus dem Jahr 1877 stammt diese Gouache, bei der ein von Doppelsäulen getragener Baldachin den Sitz bekrönt. Am Sockel fallen Elefantenköpfe auf, ebenso die seitlichen Vasen mit Pfauenwedeln.

Ludwig II. besaß zwei weitere Kioske. Beide wurden für den Wintergarten in München angefertigt. Einer kam in den Park von Schloss Berg. Nach dem Tod des Königs wurde dieser nach Straßburg verkauft und bei der Orangerie aufgestellt. Mit dem Weiterverkauf 1925 an eine *„Privatfirma"* verliert sich seine Spur.

sich zuvor einer der beiden Zugänge zum Kiosk befand. Um zwei Stufen vom Boden erhöht und mit einem Stalaktitengewölbe versehen, wirkt der Thron bis heute (und erst recht nach der aufwändigen Restaurierung) wahrhaft königlich. Ludwig hatte noch einige Umbau- und Ausstattungswünsche mehr: Der Parkettboden wurde durch einen Fliesenboden ersetzt (ein *„richtig stilisiertes Bodenmotiv, das mit der inneren Decoration des Kiosk in Harmonie steht"*), die Arkaden aus ursprünglich gestelzten Rundbögen wurden in typisch maurische Hufeisenbögen verwandelt und der Blick vom Thron in den Raum ermöglicht. Die nach dem Nischenbau einzig verbliebene offene Vorhalle wurde verschlossen und mit einer Eingangstüre versehen. Als Ergänzung wurden Flügelvasen mit Wedeln aufgestellt.

Trotz der von Diebitsch entworfenen Fenster, die sich vermutlich auch in Zbirow erhalten hatten, befahl Ludwig deren Austausch. So kam es, dass Dollmann dem König zahlreiche Entwürfe vorlegen musste, darunter für die schmalen Öffnungen der Vorhalle, für die dortige Lünette mit Türflügel und für die Fenster der Seitenwände. Aber auch die drei großen Rundbogenfenster in der neuen Nische und vierundzwanzig Fenster für den Tambour wurden nach den bald genehmigten Vorlagen geschaffen. Allen Fenstern liegt ein Sternornament der Alhambra zugrunde. Den Auftrag erhielt der Münchner Hofglaser Franz Jäger (1842– nach 1895), der erst zwei Jahre zuvor die Glasmalereiwerkstätte Heinrich Burmester übernommen hatte. Diese war bereits mit Ludwigs orientalischen Bauten erfahren: Sowohl für den jüngsten Kiosk im

Wintergarten der Münchner Residenz als auch für das Königshaus am Schachen hatte die Werkstätte Glasarbeiten ausgeführt.

Wegen der bereits angesprochenen fehlenden Tradition an Glasmalereien in der maurischen Kunst ist das, was wir – neben den Ornamenten – mit den strahlenden Buntlichtern als besonders „islamisch-orientalisch" einstufen, eine europäische Zutat (die wiederum auf der im 19. Jahrhundert wiederbelebten mittelalterlichen Kunst der Glasmalerei gründet).

Was aber blieb vom beeindruckenden Maurischen Kiosk der Weltausstellung 1867 in Paris? Unübersehbar ist der große Kristalllüster in der Mitte des Bauwerkes. Er überstand alle Transporte und Eigentümerwechsel ebenso wie der achteckige Sofa-Tisch mit blauer Glasplatte, sechs oktogonale Holztischchen vor den beiden seitlichen Sofanischen und zwei sechseckige konische Tischchen. Der mehrstufige Brunnen aus Paris wurde zwar an Ludwig verkauft, doch ließ er einen neuen aus Marmor in München herstellen. Ein Münchner Spenglermeister lieferte noch zehn Laternen aus vergoldetem Eisenblech. Sie wurden in den Nischen und an der Decke des schmalen Arkadengangs aufgehängt. Ende 1877 war alles zur Nutzung fertig. Der mit drei Kugeln und einem Halbmond besetzte Stab an der Kuppelspitze strebt seitdem ohne räumliche Veränderung in den Himmel über dem Graswangtal.

„Euere Majestät wagt Rudolph allerehrfurchtvollst, allerunterthänigst seinen innigsten tiefgefühltesten Dank zu Allerhöchst Füssen zu legen. Derselbe überaus hocherfreut und überglücklich, daß ihm die Allerhöchste Gnade zu teil wurde ... den Kiosk ansehen zu dürfen. Derselbe ganz überrascht über die Farbenpracht. Derselbe hatte in seinem Leben noch nie solches gesehen. Derselbe ist ganz vor Freude außer sich, er wird dieses in seinem Leben nicht vergessen. Denn solche Sehenswürdigkeit trafen erst heute seinen Augen. Derselbe vor Freuden wagt wiederholt allerehrfurchtvollst, allerunterthänigst seinen tiefgefühltesten Dank zu Allerhöchst Dero Füssen zu legen", meldete ein Diener pflichtschuldig, ergebenst und zugleich glaubhaft beeindruckt wohl um 1885 seinem Herrn den erlaubten Besuch. Ludwig teilte seine Freude am Kiosk (und auch der Grotte) immer wieder einmal mit anderen.

Der Maurische Kiosk ruft bis heute Staunen und Bewunderung hervor. Die Reaktionen der Touristen, nachdem sie den schützenden Vorhang am Eingang zur Seite geschoben haben, sprechen für sich.

Längst hat die Wirkung des Kiosks die Grenzen des Graswangtals überschritten: Immer wieder taucht der Maurische Kiosk in der Werbung auf. So stellt ein Vier-Sterne-Hotel in München heraus: *„Nach dem Vorbild des ‚Maurischen Kiosk' von Ludwig II. verfügt das ... Hotel über einen Erholungsbereich im prunkvoll-orientalischen Stil mit prächtiger Ornamentik und bunten Glasfenstern."*

Es begann in Berlin!

Zum Projekt eines „Arabischen Pavillons“ fertigte Georg Dollmann von 1874 bis 1876 mehrere Zeichnungen, Ansichten, Aufrisse und Querschnitte. Bei diesem auf 1874 datierten Aquarell mit Gold standen zwei Gebäude Pate, die auf der Pariser Weltausstellung 1867 präsentiert wurden. Eines war das Ausstellungsgebäude Tunesiens. Es nahm Anleihen an Palastarchitekturen in Tunis.

Der Arabische Pavillon

Vorübung mit Tunesien

Immer wieder einmal entschwand Ludwig II. – zumindest literarisch – in die räumliche Ferne. Die „Reisen“ in meist außereuropäische Regionen fanden ab 1869 dinghaften Ausdruck in Architektur: Auf zwei maurische Kioske (Wintergarten der Residenz München und Schloss Berg am Starnberger See) und den maurischen Saal im Königshaus auf dem Schachen (1872 vollendet) folgte 1874 die Idee eines „Arabischen Pavillons“. Dieser war ausdrücklich als ein Gartengebäude gedacht. Das zeigen die erhaltenen Pläne von Georg Dollmann. Er machte sich sofort an die Arbeit. In den kommenden zwei Jahren entstanden mehrere Versionen, um der Vorstellung des schwer zufrieden zu stellenden Bauherren von einem „arabischen“ Bauwerk nahezukommen.

Allerdings kursierten in der Literatur die Bezeichnungen „maurisch“, „arabisch“, „persisch“ und „algerisch“ (und viele weitere) als teils unterschiedlich interpretierte „Stil“-Bezeichnungen. Ludwigs Pavillon zumindest nimmt unübersehbar Anleihen an zwei Gebäuden von der Weltausstellung 1867 in Paris. Das eine hat er auf jeden Fall gesehen, vom anderen ist es sehr stark anzunehmen: der Maurische Kiosk von Carl von Diebitsch und das Ausstellungsgebäude Tunesiens. Während der kubische Baukörper und die Ecktürmchen an den Maurischen Kiosk erinnern, hat sich Dollmann bei der von Löwenfiguren gesäumten Freitreppe und der Kuppelform an der Nachbildung eines Palastes in Tunis orientiert. Vorlagen und vor allem Fotografien standen ausreichend zur Verfügung. Denkbar ist auch, dass der König dem Architekten Vorlagen zusenden ließ oder zumindest auf konkrete Vorbilder hinwies, die Dollmann bei seinen Entwürfen im Auge zu behalten hatte.

Was wir aus den Plänen herauslesen können: Der hohe Sockel, auf dem das Gebäude ruht, spricht für eine angedachte Aufstellung des Pavillons auf einer Anhöhe mit weitem Ausblick ins Gebirge. Dies hätte auf jeden Fall dem wiederkehrenden Ansinnen des Königs entsprochen, ein (Innen-)Raumerlebnis mit Aussichten in die – reale oder gemalte – Ferne zu kombinieren.

Der erste eigenständige Plan für einen Bau im orientalischen Stil in Linderhof wurde sofort fallengelassen, als 1876 der Erwerb des Maurischen Kiosk gelang. Der „Arabische Pavillon“ reiht sich in eine früh begonnene „orientalische Architekturfolge“, die mit dem Maurischen Kiosk längst kein Ende finden sollte. Selbst in seiner „mittelalterlichen“ Burg Neuschwanstein wollte der König einen maurischen Saal einrichten. Zum Zeitpunkt seines Todes 1886 war allerdings nur das kunstvolle Stalaktiten-Gewölbe zum Einbau fertig. Der Raum blieb Idee.

„Das … Aquarell zeigt den wirklichen Eindruck nicht, in dem die Farben-Perspektive … nicht genügsam ausgedrückt ist, wie auch die 2te Terrassen-Anlage mit ihrem Treppenbau im Vergleich zu den Hauptobjecten in viel zu mächtiger Bedeutung erscheint", kritisierte Architekt Dollmann das Aquarell von Ferdinand Knab. Ins Bassin hat Knab die 1874 noch angedachte Apollogruppe gestellt; ausgeführt wurde eine Darstellung der Flora mit Putten.

Das Theater

Venus statt Belcanto

Ludwig II., sein Denken, sein Handeln und seine Bauplanungen sind nur verständlich, wenn die Welt des Theaters stets mitgedacht wird. Es gab und gibt wohl weltweit kaum einen weiteren Monarchen, für den Leben und Bühne so sehr ineinander verzahnt waren wie für diesen bayerischen König. Daher ist es konsequent, dass Ludwig bei seinem Schlossprojekt „*Tmeicos Ettal*" ein Theatergebäude in die Planung einbezog. Letztlich aber steht heute an der angedachten Stelle für Theater ein Rundtempel mit einer Venus-Statue.

„*Ludwig hörte mit Freuden zu, wenn ich ihm biblische Geschichte erzählte und Bilder dazu zeigte … Er … kostümierte sich gern als Klosterfrau, zeigte Freude am Theaterspielen, liebte Bilder und dergleichen, hörte gern vorlesen und Geschichten erzählen …*", notierte die Mutter Ludwigs in den 1850er-Jahren in ihrer Chronik über die kindlichen Freuden ihres Erstgeborenen. Das Theater sollte ihn fortan in vielerlei Gestalt begleiten.

Angeregt auch durch die theoretischen Schriften von Richard Wagner und die Gespräche mit ihm, plante Ludwig dann als König eine auf dem Theater basierte Kulturpolitik. Sie sollte das Volk bilden und „erhöhen". Ludwig formulierte es gegenüber seinem Komponisten-Freund im Jahr seiner Thronbesteigung 1864 so: „*Meine Absicht ist, das Münchener Publikum durch Vorführung ernsterer und bedeutenderer Werke, wie die des Shakespeare, Calderon, Goethe, Schiller, Beethoven, Mozart, Gluck, Weber in eine gehobenere, gesammeltere Stimmung zu versetzen, nach und nach dasselbe jener gemeinen, frivolen Tendenzstücken entwöhnen zu helfen …*"

Der König kündigte zudem den Bau eines neuen Theaters an. Er habe vor, in München „*ein großes, steinernes Theater erbauen zu lassen, damit die Aufführung des ‚Ringes des Nibelungen' eine vollkommene werde. Dieses unvergleichliche Werk muß einen würdigen Raum … erhalten …*"

Für das erste große Bauprojekt Ludwigs konnte der berühmte Architekt Gottfried Semper (1803–1879) gewonnen werden. Es folgten zwar Pläne auf Papier und Modelle, doch das Bauvorhaben scheiterte letztendlich am politischen und gesellschaftlichen Widerstand in München. Selbst Wagner war immer weniger davon überzeugt, dass das vom König gewünschte Haus seinen eigenen Vorstellungen eines Festspielhauses entsprach. Am Ende war es Ludwig II. selbst, der in dem oppositionellen Klima kein Risiko bei den benötigten hohen Finanzmitteln eingehen wollte und konnte. *„O die blinde Menge, die die Bedeutung dieses Werkes nicht faßt“*, beschwerte er sich. Ludwigs erstes und einziges öffentliches Bauprojekt, das allein auf seinen Ideen fußte, war gescheitert. Alles rund ums Theater als Institution und die Theaterbühne verschob sich von nun an hauptsächlich vom öffentlichen in den privaten Bereich.

So trieb der König zeitgleich mit der Schlossplanung in Linderhof den Gedanken an ein eigenes Theatergebäude im Graswangtal voran. Aus dem Jahr 1870 datiert ein Historienbild von Julius Lange (1817–1878), das eine Vorstellung im Residenztheater (Cuvilliés-Theater, 1750–1753) in München aus dem Blick von der hinteren Bühne zur Kurfürstenloge zeigt. Von diesem Bild ausgehend entstanden nun in den kommenden knapp sechs Jahren zahlreiche weitere Innenansichten aus derselben Perspektive von unterschiedlichen Künstlern und in immer neuen Abwandlungen des Münchner Rokoko-Vorbilds.

Zeitgleich mit der steigenden Vielfalt der Innenraum-Ansichten erweiterte sich die Standortfrage eines Theatergebäudes in Linderhof. Die ersten Planungen bezogen sich auf die Nordseite des zur Verfügung stehenden Areals; in etwa für den Platz, der später mit der Wasserkaskade und dem Neptunbrunnen bebaut wurde. Hier sollte der Wohnbereich des Königs architektonisch unmittelbar mit dem Theatergebäude verbunden werden.

Der mögliche Standort erwies sich jedoch als aufwändig in der Umsetzung: Um die für das große Gebäude notwendige Grundfläche zu erreichen, hätte der Berghang umfassend gesprengt werden müssen. Zudem wäre das Theater von einer steinbruchartigen hohen Wand hinterfangen worden – und damit ästhetisch überaus unbefriedigend ausgefallen.

Währenddessen befahl Ludwig II. die ersten Privatvorstellungen. Zwischen Mai 1872 und Mai 1885 fanden insgesamt 209 „Separatvorstellungen“ zu (spät)abendlicher Stunde im

Georg Dollmann legte Ludwig II. 1875 diese aquarellierte Federzeichnung vor, die das geplante Theater im Querschnitt zeigt. Es ist die letzte Fassung des an das Münchner Residenztheater (1750–1753) angelehnten Projektes. Im Dachraum wäre die aufwändige Schnür-Mechanik eingesetzt worden. Der Zuschauerraum hat nur einen Rang, alles konzentriert sich auf die Königsloge. „Ich kann keine Illusion im Theater haben, solange die Leute mich unausgesetzt anstarren ...“, soll der König geäußert haben.

Residenz- oder im Hof- und Nationaltheater statt. Vornehmlich waren es Schauspiele (154; Opern 44, Ballette 11), um deren Auswahl, Rollenbesetzung und Ausstattung sich Ludwig selbst kümmerte. Überwiegend kamen Stücke auf die Bühne, die im Frankreich des 17. oder 18. Jahrhunderts spielten und in denen die Bourbonenkönige im größten Herrscherglanz dargestellt werden mussten. Dazu vergab der König auch Aufträge an Hofdichter, die von ihm ausgewählte historische Ereignisse als Schauspiel umsetzten. Ludwig war es wichtig, auf der Bühne Geschichte so realitätsnah wie möglich zu erleben. Einer Zeitreise gleich verlangte er äußerste Genauigkeit bei Kostümen und Bühnenhandlung, wozu Stichvorlagen und zeitgenössische Erzählungen als authentische Quellen herangezogen wurden. *„Dem Dichter möchten Sie ... zu wissen machen, daß die Erklärung des Herzogs von Anjou von Spanien nicht*

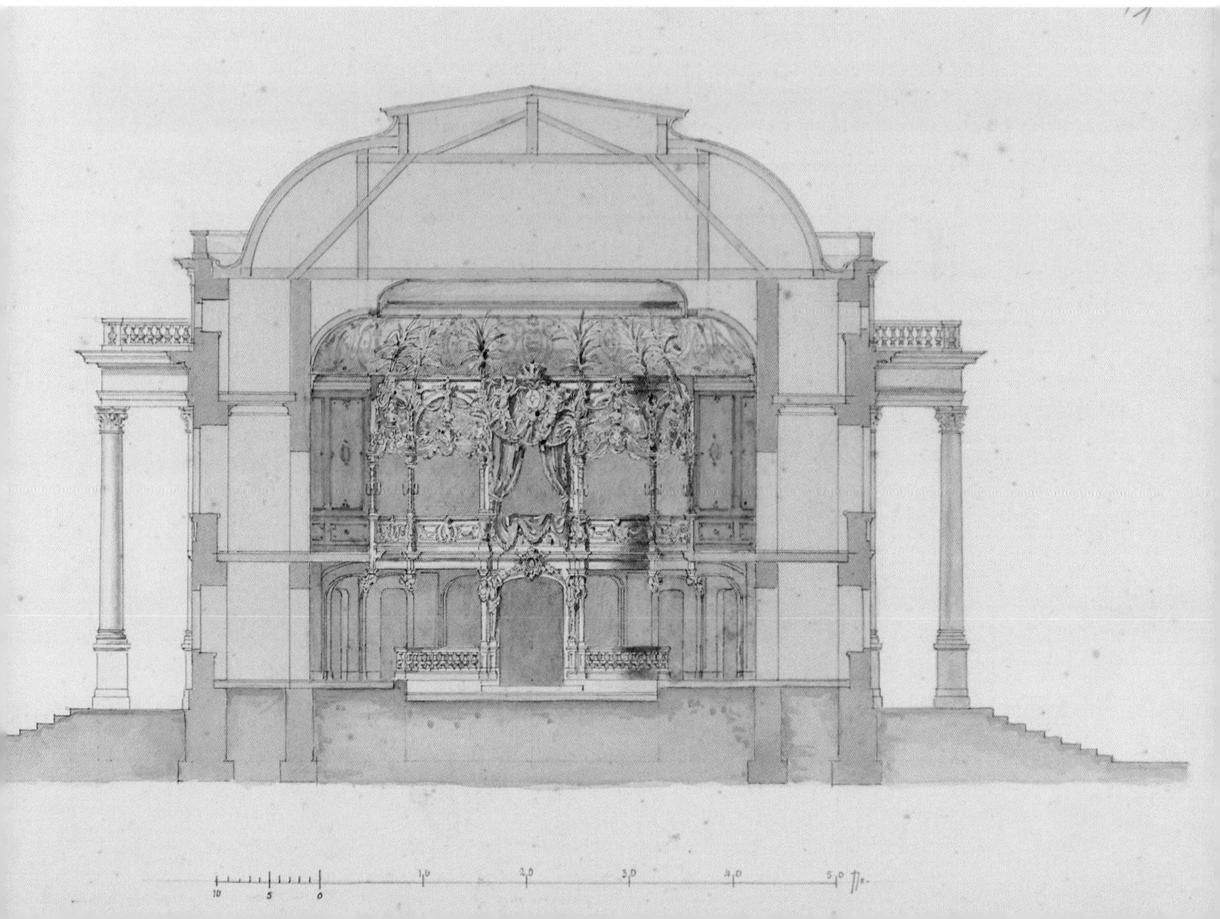

Zeitgleich mit der Schlossplanung dachte Ludwig an ein eigenes Theatergebäude. Seit einem ersten Bild von 1870, das eine Vorstellung im Residenztheater in München zeigt, entstanden in den kommenden knapp sechs Jahren zahlreiche weitere Innenansichten aus derselben Perspektive. Wie auch bei diesem anonymen Blatt von 1870/75 haben die unterschiedlichen Künstler ihre Entwürfe stets an das Münchner Rokoko-Theater angelehnt.

im Schlafzimmer stattgefunden hat, sondern in einem sogenannten Grand Cabinet. Sie möchten aus Paris einen Stich kommen lassen von Gérard, der diese Szene vorstellt, in dem letzten Akt soll die Gruppierung genauso werden wie auf dem Bild", lautete eine der königlichen Anweisungen an den verantwortlichen Hofsekretär Lorenz von Düfflipp.

Ludwig II. rechtfertigte die aufwändigen, überaus kostspieligen und publikumsfreien Sonder-Aufführungen mit dem Hinweis, dass er *„keine Illusion im Theater habe, solange die Leute mich unausgesetzt anstarren und mit ihren Operngläsern jede meiner Mienen verfolgen. Ich will selbst schauen, aber kein Schauobjekt für die Menge sein"*. Von diesen wurden

manche auch in den offiziellen Spielplan aufgenommen.
Mit den Aufführungen erreichte er auch noch etwas anderes: Er konnte in der ungeliebten Haupt- und Residenzstadt in andere Zeiten und Welten eintauchen – und die Bühnenbilder nahmen Raumerfahrungen vorweg, bevor er sie als steingewordene Architektur in seinen Schlössern umsetzen ließ. Das gesamte Bühnenprogramm korrespondierte mit Ludwigs Bauplanungen. Nicht ohne Grund waren Theatermaler und Bühnenbildner auch an allen Schlossplanungen und beim Anfertigen von Entwürfen beteiligt. So übernahmen der Hoftheaterdirektor und Bühnenbildner Franz Seitz (1817–1883) sowie der Bühnenmaler Christian Jank (1833–1888) die Entwürfe für die Innenausstattung von Schloss Linderhof.
Im Jahr 1874 konkretisierten sich die Pläne, das Theater gegenüber vom Schloss auf dem südlich gelegenen Linderbichl zu errichten. Bevor jedoch Grundrisse und weitere Pläne gezeichnet wurden, ließ der König beim Architekten Georg Dollmann anfragen, „... *ob der Königspavillon sehr darunter leiden würde, wenn das ebenfalls gleich große Theater höher zu stehen käme ..., ob sich die Fassade desselben überhaupt ausnehme ...*“. Daraufhin lieferte Dollmann vollständig ausgearbeitete Pläne, bei denen das Theatergebäude ästhetisch einigermaßen befriedigend auf die Architektur des Schlosses abgestimmt war. Auch eine mögliche Bauzeit hatte der Architekt berechnet: 2,5 Jahre.

Die Frage der Größenverhältnisse (die Höhendifferenz hätte bei rund 20 Metern gelegen) und der Wirkung der dann knapp 160 Meter auseinanderliegenden Gebäude bewog Ludwig im Oktober 1874 zu einer Weisung an den Maler Ferdinand Knab (1834–1902), er solle „... *eine malerische Ansicht des Linderhofer Terrains in seiner Vollendung ... entwerfen, als stünde man auf dem Balkon des Spiegelzimmers und würde den Garten vor sich liegen sehen*“ (Abbildung Seite 42). Mit so einem Bild konnte der König besser entscheiden.
Dennoch überlegte Ludwig hin und her. Er erwog zwischenzeitlich den Platz oberhalb der Kaskade als Standort, der auch für den Kapellenneubau vorgesehen war. Plötzlich, im Mai 1875, bringt der König mit Blick auf die Kosten für den Theaterbau „*einen kleinen, offenen griechischen Tempel mit vielleicht sechs Säulen*“ für den Linderbichl ins Spiel. Der Monopteros war im September 1876 fertiggestellt. Jedoch hatte Ludwig II. befohlen, es sollen zum Bau ausschließlich billige Materialien verwendet werden, „*damit der Tempel, im Falle auf die Terrasse einmal ein anderes Gebäude zu stehen käme, auch ersetzt werden könne*“. Dass die Skulptur „Venus mit Amor und spielendem Putto“ im Rundtempel bis heute die Südterrasse krönt, mag zwar vordergründig aus finanziellen Überlegungen herrühren. Letztlich aber zeigt sich auch, welches Gespür der König für Proportionen und Ästhetik hatte. Das Theater hätte die Leichtigkeit der gesamten Anlage zerstört.

Die Venusgrotte bezieht sich sowohl auf den 1. Akt der Oper „Tannhäuser“ von Richard Wagner als auch auf die Blaue Grotte von Capri. Ludwig II. nannte sie selbst nur „*Grotte*“. Der König beauftragte Heinrich Breling, mindestens vier Aquarelle zu malen, davon drei in verschiedenen Rottönen – wie diese Fassung in Rosa von 1881.

Die Venusgrotte

Der Ort, wo man Blau macht.

Die gehobene Gesellschaft lässt sich neben den Tropfsteinen das servierte Essen schmecken, von Zeit zu Zeit bringt ein Kellner ein frisch gezapftes Pils in die Grotte. Das Klappern des Bestecks erfüllt den künstlich erleuchteten Raum, in dem ein großer Spiegel in der Wand alles optisch weitet. Ludwig II. schaut mit unbewegter Miene zu, wie sich die Gäste in der vom „Landschaftsplastiker und Grottenbauer", so die Berufsbezeichnung, August Dirigl (1836–1892) erschaffenen künstlichen Höhle verhalten.

Diese Szene war Balthasar Hofmann (1840–1906) zu verdanken, dem Betreiber des Nachtcafés „Goldener Stern" in Mannheim. Bei Braten und Bier fühlten sich die Gäste in der *„Ludwigs-Grotte"* wohl und sicherlich grüßte mancher das eine oder andere Mal wortlos die Büste Ludwigs II., die in dem Gasthaus aufgestellt war. Der Wirt hatte mit dem Grottenbau-Auftrag an Dirigl einen Coup gelandet: Der gebürtige Pfälzer war einer der prominentesten Gestalter, mit dem der Wirt als *„Erbauer der Grotte auf Schloss Linderhof"* warb (der als *„Sehenswürdigkeit!"* postulierte Nebenraum des „Goldenen Stern" war spätestens 1889 fertiggestellt worden).

Kaum eine Schöpfung des bayerischen Königs (von Schloss Neuschwanstein abgesehen) wurde so berühmt, wie die von ihm unter anderem bei August Dirigl in Auftrag gegebene Venusgrotte im Schlosspark von Linderhof (1876–1877). Zumindest gilt das für die Jahre bis zum Ersten Weltkrieg. Landauf und landab entstanden mal mehr, mal weniger gelungene Grotten in Ausflugsgaststätten, Restaurants und Cafés. Die Mode des Grottenbaus – vor allem in Landschaftsgärten – geht zwar bereits auf das ausgehende 18. Jahrhundert zurück, doch bei den benannten Innenraumgrotten schwang deutschlandweit immer die Venusgrotte von Linderhof als gedachter Bezugspunkt mit.

Ob der Mannheimer Balthasar Hofmann selbst einer der frühen Touristen war, die ab dem 1. August 1886 ganz offiziell auch die Venusgrotte in Linderhof besichtigen konnten, ist nicht bekannt, aber durchaus vorstellbar. Eventuell war es ein Zeitungsbericht, der ihn anregte, nach dem Tod Ludwigs II. den Landschaftsplastiker Dirigl zu kontaktieren: Im „Mannheimer Tagblatt" erschien nämlich unter dem Datum des 18. November 1881 einer der ersten Berichte

Der König wünschte sich für Schloss Neuschwanstein eine große Grotte als Bad. Von Anfang an war in ihr eine Darstellung aus dem 1. Akt der Oper „Tannhäuser" (Münchner Neuinszenierung von 1867) vorgesehen: der Minnesänger Tannhäuser bei der Göttin Venus. Im Dezember 1875 entschied Ludwig II., die Grotte mit dem Bild in Linderhof zu verwirklichen. Franz Seitz legte dafür diesen ersten Entwurf vor, der mehrere später verwirklichte Elemente enthält: Beleuchtung der Grotte in Rot und Blau, ein Wasser-/Badebecken mit Wasserfall, Blumengirlanden und Kristalle.

über die wenige Jahre zuvor erbaute Grotte mit dem befahrbaren See des bayerischen Königs. Es folgten noch unzählige Beschreibungen mehr in Zeitungen und Magazinen sowie Büchern – bis heute. Dabei schwankten bereits in der Frühzeit die Bewertungen zwischen uneingeschränkter Bewunderung (*„Weltwunder"*) und vollkommener Ablehnung (*„Blendwerk"*).

Außer Frage steht, dass die Venusgrotte eines der herausragendsten Objekte des 19. Jahrhunderts ist. Hier verbinden sich technologische Innovation und illusionistische Inszenierungskunst zu einem außergewöhnlichen Kunsterlebnisraum. Damit ist die Venusgrotte keine der sonst bekannten Grottenarchitekturen. Sie ist eine interaktive Theaterbühne, auf der

Ludwig II. ein perfektes Kunsterlebnis zwischen der Oper „Tannhäuser" (Szene im Hörselberg mit der Liebesgöttin Venus) und der Blauen Grotte von Capri mit allen verfügbaren (technischen) Mitteln schaffen ließ.

Über (s)ein Menschenleben hinaus sollte die Grotte gar nicht bestehen; ähnlich einer Theaterkulisse. Der Monarch plante – wie bei allen Bauten – nur für sich und nicht für nachfolgende Generationen, schon gar nicht für neugierige Besuchermassen. Auch deshalb ist die Venusgrotte ein überaus fragiles Bauwerk, das in einer aufwändigen Restaurierungsmaßnahme für kommende Generationen gesichert wird und möglichst wieder in dem Zustand erscheinen soll, in dem es der Erbauer erlebte.

Was allerdings Ludwig II. alles in seiner Grotte einbauen und umsetzen ließ, kann teils nur mühsam rekonstruiert werden. Das einzigartige Bauwerk in Form einer künstlichen Tropfsteinhöhle überrascht mit seinem hohen Grad an artifiziellen und theaterkünstlerischen Aspekten.

Das „Gründungsschreiben" für die Venusgrotte datiert vom 15. Dezember 1875: Richard Hornig teilt dem Kabinettssekretär Lorenz von Düfflipp eine Entscheidung des Königs mit, statt „*... im neuen Schlosse* [Schloss Neuschwanstein] *ein Bad herstellen zu lassen*", diesen als Grotte gedachten Raum mit einem Bild aus der Oper „Tannhäuser" („*... jene Scene ..., in welcher Tannhäuser bei Beginn der Vorstellung im Venusberg weilt.*"), „*in der Grotte des Linderhofes ins Leben zu rufen.*" Ludwig verbindet einen anscheinend bereits bestehenden Wunsch nach einer Grotte für Linderhof mit dem ebenfalls virulenten Gedanken eines mit der Tannhäuser-Szene „illustrierten" Bades bzw. Badebeckens.

August Dirigl, Hofbaudirektor Georg Dollmann, Hofgartendirektor Carl von Effner (1831–1884) und Baumeister (und Statiker?) Mathias Steinbrecher errichteten daraufhin in weniger als zwei Jahren in der oberbayerischen Bergwelt am Abhang des Hennenkopfes die weltweit größte künstliche Grotte des 19. Jahrhunderts: Die Venusgrotte hat bei einer Länge von knapp 60 Metern in West-Ost-Richtung eine Grundfläche von ungefähr 1.200 Quadratmetern, ein Innenvolumen von rund 13.000 Kubikmetern und ist bis zu 14 Meter hoch.

Bereits als Kind kam Ludwig mit künstlichen Grotten in Kontakt, wenn diese auch deutlich kleinere Ausmaße hatten: Maximilian II. ließ in seinem Schloss Hohenschwangau aus einem vorhandenen Schacht ein Felsenbad einrichten. Aus der marmornen Badewanne ging der Blick bei geöffneten Flügeltüren aus rotem Glas über die Pflanzen im Garten und den plätschernden Schwanenbrunnen hinauf zu den Berggipfeln. Ob Ludwig das Bad nutzen durfte, bevor er selbst König wurde, wissen wir nicht. Gekannt hat er es jedenfalls und damit auch den in den Felsen gesprengten Gang, durch den man in das eigentliche Bad im Schloss gelangte.

Wenige Monate nach seiner Thronbesteigung 1864 ließ Ludwig im Schloss Hohenschwangau das vom verstorbenen Vater genutzte Schlafzimmer umbauen. Darin: Eine Felsengruppe mit Wasserfall (Ludwig II. im August 1864: „... *es konnte dieß geschehen ohne Feuchtigkeit im Zimmer zurück zu lassen.“)*, mehrere Orangenbäume, ein Nachthimmel mit Mond und Sternen (die vom oberen Stockwerk beleuchtet wurden) und eine Regenbogenmaschine. Diese kleine, heute leider verschwundene technische Wunderkammer war das Gesellenstück des Bauherren Ludwig II. Seine Vorliebe für Felsen im Innenraum steigerte sich im neuen Wintergarten auf dem Dach der Münchner Residenz: Von Anfang 1869 an besaß er darin eine begehbare Grottenanlage mit See und beleuchtetem Wasserfall.

Zwischenzeitlich hatte Ludwig 1867 die Neuinszenierung der Oper „Tannhäuser“ von Richard Wagner im Münchner Hof- und Nationaltheater angeregt. Er hatte die Geschichte um den mittelalterlichen Minnesänger Tannhäuser und den Sängerkrieg auf der Wartburg erstmals als 17-Jähriger auf der Münchner Bühne erlebt – und damit auch das Bühnenbild im 1. Akt mit Frau Venus in ihrer Höhle.

Um *„den Schauplatz des Sängerkrieges kennen zu lernen und dadurch für eine wahrheitsgetreue Inszenierung des Tannhäuser Weisungen geben zu können“*, so Wagner, empfahl der Komponist dem König eine Reise zu den Originalschauplätzen in Thüringen. Dass der Vorschlag von Wagner kam, entbehrt nicht einer gewissen Ironie. Ist es doch gerade er, dem ideale Bilder und charakteristische Stimmungen deutlich wichtiger waren als Wahrhaftigkeit historischer Schauplätze, Detailgenauigkeit oder gar Kopien von Originalen. Der Komponist kannte aber seinen Förderer: Ludwig nämlich hatte ein Faible für Authentizität und originalgetreue Kopie. So gingen der König und sein Bruder Otto auf Entdeckungsfahrt zur Wartburg bei Eisenach und zum Hörselberg, in dem der Sage nach Venus ihre Höhle hat. Schlug der Besuch auf der Wartburg nachfolgend bei Ludwig auch hohe architektonische Wellen (Bau von Neuschwanstein), blieb der Besuch der Venus-Grotte auf dem Hörselberg – die Richard Wagner übrigens selbst nie sah – ohne offensichtlichen Eindruck. Es ist fraglich, ob das Höhleninnere 1867 überhaupt betreten werden

Von Januar 1876 an legte Franz Seitz insgesamt vier Entwürfe für einen Muschelkahn vor. Zu dem Aquarell erhielt er die Rückmeldung, *„vorne soll der Kahn ein wenig höher werden, die Korallen zum Auflegen der Ruder haben Allerhöchsten Beifall gefunden“*. Der heutige Kahn ist übrigens eine Kopie aus dem Jahr 1909 und besteht im Kern aus Nadelholz, das mit bemaltem Zinkblech ummantelt ist. Der Amor und die Tauben bestehen aus Holz. Sie könnten vom Originalkahn stammen.

konnte. Auch wenn der Große Hörselberg dank der von Ludwig Bechstein (1801–1860) publizierten Thüringer Sagen längst als der „echte" Venusberg der Tannhäuser-Sage und damit die dortige Höhle als Hauptsitz der Göttin Venus galt: Für die Linderhofer Venusgrotte eignete sie sich keinesfalls als Vorbild. Nicht nur wegen der Größe (21 Meter lang und zwischen rund 50 und 140 Zentimeter breit), sondern auch weil die Hörselberg-Grotte keine Tropfsteinstrukturen aufweist.

Dabei sind es die perfekt nachempfundenen Felsformationen einer Tropfsteinhöhle mit Stalaktiten und Stalagmiten, die die Venusgrotte und die Leistung von August Dirigl auszeichnen. Ludwig schickte den Architekten auf Reisen nach Oberfranken und nach Oberbayern, um direkt vor Ort Tropfsteinhöhlen und Steinbrüche in Augenschein zu nehmen. Das Studium der Formen in der Natur ist gewiss mit entscheidend für die in der Venusgrotte perfekt gelungene Täuschung. Die eigentliche

Da zahlreiche Ausstattungsstücke (beispielsweise vier gepolsterte Korallenstühle, vier Sessel mit Korallenfüßen sowie ein vergoldeter Muschelthron) fehlen, fällt es schwer, die Wirkung der Grotte auf Ludwig und Besucher nachzuvollziehen. Für die gesamte Ausstattung lieferte Seitz die Entwürfe, so auch 1876/77 eine Gouache für einen Korallenleuchter. *„Seine Majestät sind mit dieser Zeichnung sehr zufrieden. Soll gleich gemacht werden"*, ist am Blattrand angemerkt.

Voraussetzung war jedoch die Ausbildung von Dirigl, die er in Frankreich genossen hatte. Hier war das Anfertigen von Kunstfelsen mit eisenbewehrtem Zement und durch das Übergießen mit flüssigem Zement bereits zur Kunstfertigkeit gereift. Mit der Kenntnis dieser Herstellungsmethode und einem zehnjährigen Aufenthalt in Frankreich hatte sich August Dirigl 1874 beim König erfolgreich beworben. In Linderhof wurden Ende 1876 nach dem Befehl Ludwigs an der ausgesuchten Stelle Teile des Felsens gesprengt und der Abraum entfernt, so dass in der 10 Meter tiefen, in den Bergabhang ausgehobenen Grube die gemauerte Grundkonstruktion errichtet werden konnte: die bis zu 1,70 Meter dicken Außenwände aus Kalkbruchstein und weit gespannte Gewölbe und Pfeiler aus Ziegeln. Der durch das Gelände führende Lindergraben wurde trockengelegt (er bereitet aber wegen der dennoch eindringenden Feuchtigkeit bis heute Probleme).
Und hier kam der erfahrene „Landschaftsplastiker und Grottenbauer" zum Zuge: An den Gewölben und Wänden hängt an Eisenhaken

eine Eisenkonstruktion, die durch tragende Vierkanteisen, quervernetzte leichtere Eisen und Flacheisen in Felder unterteilt ist. Auf die große, gut zu modellierende Drahtschale kamen Hopfensäcke und Rupfen, der Verputz erfolgte mit Romanzement (ein Gemisch aus Zement und Muschelkalk). Die Konstruktion erinnert an das nach dem Erfinder Carl Rabitz (1823–1891) benannte „Rabitzgewölbe", von Dirigl jedoch zu einer bis dahin unerreichten Größe, Stabilität und Finesse geführt.

Im April 1876 konnte August Dirigl in der Münchner Residenz anhand eines Modells dem König persönlich demonstrieren, wie die Konstruktion der Venusgrotte aus Eisen- und Drahtgestellen beschaffen sein würde – und wie die Beleuchtung aussehen könnte. Ludwig soll daraufhin den Wunsch nach *„viel Cristall ..., damit es recht glitzert"* ausgesprochen haben.

Die Transformation der Baumaterialien in eine Tropfsteinhöhle, die über viele Erdzeitalter langsam entstanden zu sein scheint, ist der Modellierung der Drahtschale durch unterschiedlich fließfähige Putze durch Bewurf, Schütten, Gießen und Tauchen von Einzelteilen zu verdanken. Hierzu wurde unter anderem eine Saug- und Spritzpumpe angeschafft. Alles in allem gelang es, durch fließende Formen und Rinnspuren das natürliche Wachstum einer Grotte nachzuahmen.

Die großen Stalaktiten, die bis zu mehrere Meter lang sind, mussten gesondert an das Gewölbe angehängt werden. Für die Drahtputzschale wären sie zu schwer gewesen. In vielen Fällen besteht der Kern der Tropfsteine aus Holzstäben. Es kamen aber auch Tannenzapfen als Putzträger zum Einsatz.

Insgesamt wurden zwei je acht Meter lange Gusseisensäulen von der Münchner Firma Kustermann unter großem logistischen Aufwand ins Graswangtal transportiert. Die unverzichtbaren Lastenträger sind so kaschiert, dass sie nicht auffallen: Eine Säule mit 28 Zentimetern Durchmesser trägt die Gewölbekonstruktion über dem See, in dessen Mitte sie als ein Stalagnat (zusammengewachsener Stalaktit und Stalagmit) kaschiert ist.

Das vom König gewünschte Glitzern gelang durch den Einsatz von Wasserglas und Bewurf des Putzes mit Glimmer (Muskovit-Glimmerschuppen) sowie durch vereinzelte Glaskristalle in der Wand. Außerdem wurden Teilflächen der Grotte immer wieder einmal bemalt, vor allem mit hellblauer (Ultramarin) und hellgrüner (Glaukonit) Farbe. Da der König mit den Ergebnissen stets unzufrieden war, gab es keine einheitliche und alle Flächen umfassende Farbfassung. Vielmehr wurde immer wieder weiter probiert und versucht, der Grotte eine dem Wunsch des Königs entsprechende Blautönung zu geben. Mit einer ungiftigen blauen Farbe musste das Seebecken ausgemalt werden, um den optischen Effekt des Wassers zu verstärken und Ludwig das Baden zu ermöglichen.

Richard Wagner lieferte zwar durch seine Szenenanweisung (*„Aus einer zerklüfteten Öffnung,*

Luchino Visconti drehte 1972 den Film „Ludwig II." auch in der Venusgrotte. Sie sollte wie zu Zeiten des Königs aussehen: mit Schwänen, einem Wasserfall, einem Kahn und mit zahlreichen Blumengirlanden (wie bei dieser Ansichtskarte). Letztere waren allerdings 1972 wegen der hohen Luftfeuchtigkeit so gut wie nicht mehr vorhanden. Visconti brachte Plastikblumen an, die bis 2017 hängen blieben. Nicht nur auf der Kino-Leinwand waren die Repliken nicht als solche zu erkennen. Ebenso die Touristen erkannten wohl kaum die „Fälschung" über ihren Köpfen.

durch welche von oben mattes Tageslicht hereinscheint, stürzt sich, die ganze Höhe der Grotte entlang, ein grünlicher Wasserfall herab, wild über Gestein schäumend ... Zu beiden Seiten der Grotte Felsenvorsprünge von unregelmässiger Form, mit wunderbaren tropischen Pflanzen corallenartig bewachsen ...") eine direkte Gestaltungsvorlage für die aus einer Haupt- und zwei Nebenräumen bestehende Venusgrotte, Ludwig II. wollte jedoch zugleich die Blaue Grotte von Capri thematisch und gestalterisch einbeziehen. Wagners Blau *(„Der ferne Hintergrund mit den Seeufern ist von einem verklärt blauen Dufte mondscheinartig erhellt.")* ist hier in Linderhof in erster Linie ein Capri-Blau. Und die in der Literatur viel besprochene Farbe der Insel-Grotte musste Richard Hornig auf Anweisung des Königs zweimal direkt vor Ort in Augenschein nehmen und dem König genauestens beschreiben. Das von Hornig erschaute und vom König für seine Grotte gewünschte „originale Capri-Blau" wurde zum Ausgangspunkt einer intensiven und letztlich wohl erfolglosen Suche nach der Blau-Farbe, die für die elektrische Beleuchtung geeignet gewesen wäre – und die zudem Ludwig II. zufriedengestellt hätte.

Mit der Fertigstellung der Grotte im August 1877 begann ein Experimentieren, Tüfteln und Verändern in ganz unterschiedlichen Bereichen. Nicht nur die Wände wurden, wie schon erwähnt, mehrfach umgestrichen, auch die Grotte musste vergrößert und Öffnungen für die Aussicht nach draußen wieder verschlossen werden. Zudem wurden die technischen Anlagen für eine optimale Beleuchtung zu Ludwigs Lebzeiten permanent ausgetauscht und der rasanten technischen Entwicklung angepasst. Auf die ersten Versuche mit Gaslichtern, für die eigens in der Nähe der Grotte eine Gasfabrik mit Gaskessel und dazugehörigen Versorgungsleitungen eingerichtet werden musste, folgten Experimente mit Kalklicht. Schlussendlich wurde die Venusgrotte mit elektrischen Bogenlampen erleuchtet und dafür ab 1878 ein eigenes Kraftwerk mit Dynamos eingerichtet. Bis 1881 wurden 24 von einer Dampfmaschine angetriebene Generatoren für 24 Bogenlampen installiert.

Diese Lampen waren in Holzkästen verbaut, vor die in Grün, Rosa, Blau, Rot und Gelb bemalte Glasplatten geschoben werden konnten. Das Färben der Platten gelang durch eine aufgetragene Kollodiumschicht. Doch die vorgeblendeten Farbfilter versagten in den Augen des Königs bei der Illumination der Grotte in Blau.

Ludwig II. beauftragte Elektrotechniker und den Chemiker Adolf von Baeyer (1835–1917). Sie sollten alle Energie darauf verwenden, durch die Blautönung des Glases die Grotte eher in

Lapislazuli-Töne zu tauchen als wie bisher in ein stark rotstichiges Blau. Der spätere Nobel-Preisträger Baeyer führte deswegen 1879 mit seinem Kollegen Heinrich Caro (1834–1910), dem Direktor der Badischen Anilin- und Sodafabrik (BASF) in Ludwigshafen, eine längere Korrespondenz. Caro hatte 1877 Methylenblau patentieren lassen, als erstes Patent auf Farben in Deutschland. Caro und von Baeyer gelang zwar zusammen die Synthese eines Indigofarbstoffes. Dem König aber konnten sie offenbar keinen Erfolg mitteilen. Jegliche Vermutung, Ludwig habe durch sein Drängen und seine Aufträge an die Chemiker letztlich die Bluejeans erfunden, sind in das Reich der Gerüchte zu verweisen. Zwar nutzten Levi Strauss und weitere Jeans-Hersteller später synthetische Farben, doch wurden die Hosen bereits einige Jahre vorher mithilfe des natürlichen Indigo-Farbstoffs gefärbt. Er wurde durch die Amoskeag Mill in New Hampshire geliefert.

Die Blau-Suche forderte ebenso den Maler Otto Stöger, der unter anderem für die blaue Lampe im Schlafzimmer von Schloss Herrenchiemsee zuständig war, und auch damit den König nicht zufriedenstellte. Louise von Kobell (1827–1901) überliefert, der Maler sei eines Tages nicht zur Arbeit erschienen. Der König habe auf die Frage, wo Stöger denn sei, von einem Arbeiter die Antwort erhalten, dieser würde blaumachen. *„Ah, das ist recht“*, soll Ludwig geantwortet haben, *„er soll nur so fortfahren.“* Offenbar war dem König die Redensart unbekannt.

Trotz aller versuchter und tatsächlich vorhandener Blau-Farben: Die Venusgrotte von Linderhof ist vor allem ein in begeh- und erlebbare Architektur umgesetztes Bühnenbild aus der Oper „Tannhäuser“. Unübersehbar bildet ein entsprechendes Gemälde den Hintergrund der Hauptgrotte und des Sees. Auf einer Fläche von 42 Quadratmetern setzte August von Heckel (1824–1883) in den Jahren 1876/77 das von Ludwig II. vorgegebene Motiv „Tannhäuser im Venusberg“ um: *„Das Bild soll den Tanz der Bajaderen im Venusberg vorstellen,* [man solle] *... sich ganz genau nach den Angaben Richard Wagners halten ... In Wien wird gegenwärtig ‚Tannhäuser‘ mit sehr schöner Scenierung gegeben, einer solchen Vorstellung möchten die ... Maler beiwohnen.“*

Das Gemälde lenkt den Blick in die Tiefe der Grotte und gibt das Thema „Venusgrotte“ für jeden Besucher vor. Zugleich führt die erotische, ja schwülstige Szenerie in tiefenpsychologische Bereiche, die eine eingehendere Untersuchung wert wären. Ludwig bemängelte bald nach einer ersten Restaurierung 1878 den Zustand des Bildes. Das nötigte Hornig im Juni 1885 eine Erklärung ab: *„Das Gemälde in der Grotte ist noch gut erhalten, nur fehlt ihm der einstige Glanz, was durch einen Firnißüberzug wieder zu ergänzen sein würde.“* Bei einer relativen Luftfeuchtigkeit von 95 Prozent in der Höhle verwundert es nicht, dass 1909, 1915, 1927, 1935/36, 1974, 2006 und 2017/2018 weitere Restaurierungsmaßnahmen erfolgten.

Die bis mindestens 2021 laufenden Maßnahmen zum Erhalt der Grotte sind dringend notwendig. Von den fast 3.800 Quadratmetern Drahtputzoberfläche waren 2017 nicht einmal 10 Prozent in einem guten Zustand. An jedem Tag gingen 20 Gramm Eisen durch Korrosion verloren.

Den einst so wundersamen Zustand wird man wohl kaum wieder in Gänze erleben. Dazu gehörten offene Quellbächlein, die die Stalagmiten-Felder umspülen und in den See münden ebenso, wie das Glucksen und Rauschen des Wassers in Röhren. Auch der Wellenschieber, der das Seewasser bewegt und für eine gute Verteilung des auf 35 Grad angeheizten (Bade-)Wassers sorgt, fehlt. Wir erleben keinesfalls mehr alle 10 Minuten wechselnde Farben in der Beleuchtung, einen künstlichen Sonnenuntergang, einen Regenbogen, Sprühnebel aus einer Düse an der Seewand, mit Gas von unten beleuchtete rote Glasscheiben, die den Boden in der Vorgrotte beleuchten, zwei große Agaven aus Stoff und anderen Materialien ... und mittendrin der König, wie er im Muschelkahn gerudert wird.

Ludwig hatte eine besondere Vorliebe für die Sagengestalt Lohengrin. Das war der Öffentlichkeit bekannt. Es kursierten Gerüchte, der König würde sich als Lohengrin verkleiden. Naheliegend, dass man den König zu Lebzeiten als *„Lohengrin der II."* oder *„König Lohengrin"* bezeichnete. Auf Ansichtskarten wurde Ludwig posthum in seiner Grotte als Grals-Ritter Lohengrin dargestellt.

Vor der 1877 gebauten Hundinghütte nach einem Bühnenbild der Oper „Walküre" von Richard Wagner ließ der König einen kleinen See anlegen. Wie auf zahlreichen natürlichen Seen und in der Venusgrotte ließ sich der König auch hier rudern – in einem Einbaum. Überliefert wird, jedes Frühjahr wäre das Wasser abgelassen worden, um den Eisenblechen, mit denen das Becken geschaffen wurde, einen neuen grünen Farbanstrich zu geben.

Die Hundinghütte

Germanische Welt zwischen Enzian und Edelweiß

Im April 1945 war der Weltenbrand nicht zu übersehen und zu überhören. Dass aber mitten im ansonsten eher ruhigen Ammerwald gleich der germanische Weltenbaum herunterbrannte ... Wer hätte das gedacht? Überliefert wird, dass es einem für den Wald verantwortlichen Mann zu viel Rummel um eine Hütte Ludwigs II. gewesen sei, die dort bereits seit 1877 stand. Der Mann habe die Kriegssituation für einen passenden Moment gehalten, diesen beliebten Ausflugsort zu zerstören. Und weil das Bauwerk exakt nach dem Bühnenbild des 1. Aktes der Wagner-Oper „Walküre" erbaut worden war, wurde der Weltesche Yggdrasil gleich mit der Garaus gemacht. Der Theorie mit dem Forstverantwortlichen und seinem Ruhe-Argument wurde bisher nicht widersprochen.

Mit hohem Blutdruck und einer hohen Emotion begann auch die Geschichte der Hundinghütte: Ludwig II. hatte gegen den Wunsch des Freundes Richard Wagner durchgesetzt, dass am 22. September 1869 die Uraufführung der Oper „Rheingold" und am 26. Juni 1870 die der „Walküre" in München über die Bühne gingen. Die Rechte an den Werken hatte der König im Gegenzug für wahrlich fürstliche Geldzahlungen an den Komponisten erworben. Recht hin, Recht her, Wagner sah sich seiner Vision beraubt, den gesamten „Ring des Nibelungen" mit seinen vier Einzelopern (zudem „Siegfried" und „Götterdämmerung") an einem technisch und künstlerisch adäquaten Ort mustergültig aufzuführen. Und das war für ihn nicht München. Wagner verbot dem am Hoftheater angestellten und vom König bezahlten Hans Richter, „Rheingold" zu dirigieren. Ludwig geriet gegenüber seinem Hofsekretär außer sich: *„Wahrhaft*

„Mein Vater erzählte mir öfters von der Hundinghütte, in der brennende Holzscheite im offenen Kamin flackerten, Bärenfelle den Steinboden bedeckten. Dort gab es in der Asche geglühte Kartoffeln und ‚Steckerlfische' zu essen und Met zu trinken", erinnert sich im hohen Alter der 1873 geborene Sohn des Aufsehers der Hundinghütte, Sebastian Schauer (kolorierte Ansichtskarte, um 1910).

verbrecherisch und schamlos ist das Gebaren von Wagner und dem Theatergesindel; es ist dies eine offenbare Revolte gegen Meine Befehle, und dieses kann Ich nicht dulden. Richter darf keinenfalls mehr dirigieren und ist augenblicklich zu entlassen … Die Theaterleute haben Meinen Befehlen zu gehorchen und nicht den Launen Wagners." 1870 – Ludwig drohte mittlerweile sogar damit, dass *„nie mehr ein Werk von …* [Wagner] *auf der Münchener Bühne aufzuführen"* sei – legte der Monarch keinen Wert auf die Anwesenheit des Komponisten bei den Proben und bei der Uraufführung der „Walküre". So erschien Wagner erst zur letzten Darbietung, um seine Ablehnung gegenüber der Münchner Inszenierung bestätigt zu finden. Dabei war die „Walküre"

auch wegen der Bühnenbilder und des technischen Aufwandes ein großer Erfolg. Für den ersten Aufzug, *„das Innere eines Wohnhauses (Hundinghütte)"*, zeichnete der Bühnenmaler Christian Jank verantwortlich – derselbe Künstler, der dem König zeitgleich die ersten Entwürfe für „Tmeicos Ettal" und Schloss Neuschwanstein lieferte. Jank nahm für das Bühnenbild unter anderem entsprechende Fresken von Michael Echter (1812–1879) im Nibelungengang der Münchner Residenz zum Vorbild (1864–1866 unter Ludwig II. erbaut). Wesentlich war die Szenenanweisung von Richard Wagner zum ersten Aufzug mit der Behausung Hundings (Hunding ist der Ehemann von Sieglinde, aus deren inzestuösen Verbindung mit ihrem Bruder Siegmund der Sohn Siegfried entstammt). Im Textbuch heißt es: *„In der Mitte steht der Stamm einer mächtigen Esche, dessen stark erhabene Wurzeln sich weithin in den Erdboden verlieren; von seinem Wipfel ist der Baum durch ein gezimmertes Dach geschieden, welches so durchschnitten ist, dass der Stamm und die nach allen Seiten hin sich ausstreckenden Aeste durch genau entsprechende Oeffnungen hindurch gehen; von dem belaubten Wipfel wird angenommen, dass er sich über dieses Dach ausbreite. Um den Eschenstamm, als Mittelpunkt, ist nun ein Saal gezimmert; die Wände sind aus roh behauenem Holzwerk, hie und da mit geflochtenen und gewebten Decken behangen. Rechts im Vordergrunde steht der Herd, dessen Rauchfang seitwärts zum Dache hinausführt: hinter dem Herde befindet sich ein innerer Raum, gleich einem Vorrathsspeicher, zu dem man auf einigen hölzernen Stufen hinaufsteigt: davor hängt, halb zurückgeschlagen, eine geflochtene Decke. Im Hintergrunde eine Eingangsthüre mit schlichtem Holzriegel. Links die Thüre zu einem inneren Gemache, zu dem gleichfalls Stufen hinaufführen; weiter vorne auf derselben Seite ein Tisch mit einer breiten, an der Wand angezimmerten Bank dahinter, und hölzernen Schemeln davor…"*
Sechs Jahre nach der Uraufführung der „Walküre" in München erfüllte sich der Wunsch Wagners nach einer Gesamtaufführung des „Rings des Nibelungen" (mit zeitgleicher Uraufführung der Opern „Siegfried" und „Götterdämmerung") bei den ersten Bayreuther Festspielen. Ludwig II. war zwar kein Premierengast, doch er besuchte die Generalproben – an der Seite des Komponisten in der Fürstenloge. Kaum war der Vorhang zu „Götterdämmerung", der letzten der vier Opern des „Rings" gefallen, reiste Ludwig sofort wieder ab. Der König war jedoch so beeindruckt gewesen, dass er erneut vom 27. bis 30. August 1876 dem dritten Zyklus des „Ring" beiwohnte – wiederum an der Seite Wagners und trotz seiner Scheu vor der großen Öffentlichkeit.

Zwischen dem ersten und dem wiederholten Besuch der Festspiele erhielt Hofsekretär Lorenz von Düfflipp am 17. August 1876 eine Nachricht des Königs: *„Seine Majestät beabsichtigen im Walde nächst dem Linderhof ein Gemach, aus ganz roh gezimmertem Holz, gleich der*

Dekoration des I. Aktes in Walküre ausführen zu lassen, der Baum wird bereits ausgesucht. Seine Majestät glauben dasselbe mit ganz wenig Kosten herstellen zu können, Herr Hofrat möchten sich die Sache bedenken." Zum wirklichen „Bedenken" blieben weder Möglichkeit noch Zeit, denn vier Tage später kamen erste konkrete Anweisungen für die Innenausstattung des „Gemaches": *„Die Hütte soll sogleich in Angriff genommen werden und ein vor einigen Jahren an Seine Majestät aus Amerika geschickter u. an Hrn. Burgpfleger zur Aufbewahrung übergebener Büffelkopf dazu verwendet werden, so auch möchten Herr Hofrath für andere Trophäen, Tierhäute u. Büffelhorn sorgen.*"

Der Hüttenbau wurde begonnen und der Bauherr selbst kam zwei Monate nach dem Verkünden des Wunsches an die von ihm offenbar selbst ausgesuchte Baustelle im Ammerwald. Hier, direkt unter der Kreuzspitze (2.185 Meter), ging es dem König wieder einmal nicht schnell genug. Wir kennen das bereits. Hinzu kam, dass für die Hütte Hundings eine Esche vonnöten war, der Wald diese Baumart aber nicht aufwies. Daher musste eine Doppelbuche mit der Rinde einer Esche kaschiert werden. Dies war am 18. Oktober 1876 noch nicht erledigt: *„Seine Majestät freue die Walküren-Hütte gar nicht, da der Eschen-Stamm nicht fertig sei und der Termin zur Vollendung nicht eingehalten worden wäre.*"

Auf den Verdruss folgte knapp eine Woche später höchstes königliches Lob (*„Seine Majestät lassen ... die größte Zufriedenheit wegen der prompten und schönen Herstellung des Hundinghauses aussprechen. Allerhöchst dieselbe sind hierüber sehr erfreut.*") mit einer Einschränkung: *„Bei einer der im großen Saal hängenden Trophäen ist ein Horn von Papiermache, auf welchem man nicht blasen kann. Es soll dieses durch ein anderes ersetzt werden, aus welchem Töne herauszubringen sind.*"

Nach der Anschaffung einiger weiterer Einrichtungsgegenstände, darunter ein Hängeschrank, Tische und eine große Bank, waren im November 1876 nur noch wenige Korrekturen durchzuführen: *„Das Schwert ist zu tief am Boden angebracht, es soll wenigstens 5 Fuß von demselben entfernt sein.*" Diese Waffe, „Notung" bei Wagner, „Gram" in der germanischen Mythologie, war das wichtigste Requisit in dem

Der Maler Heinrich Breling fertigte für den König regelmäßig Ansichten von Schloss Linderhof und den dortigen Kleinarchitekturen an. Direkt nach dem Tod seines Auftraggebers nutzte Breling die Kenntnis der örtlichen Gegebenheiten, um eine ganze Serie zu malen, in die er überlieferte Szenen aus dem Leben des Königs hineinkomponierte. Hier gibt uns der Maler einen Einblick, wie Ludwig am offenen Feuer in der Hundinghütte liest und Bilder studiert.

gebauten Bühnenbild: Mit ihm wird in der weiteren Erzählung des „Rings" Siegfried den Drachen töten.
Wie Ludwig II. sein neues architektonisches Werk nutzte, schrieb er selbst im August 1877 an Richard Wagner: *„Ich begebe mich morgen wieder nach dem geliebten, traulichen Linderhofe auf einige Tage, um ... im heimlichen, mitten im Walde gelegenen Hundingshause, das ich im vorigen Jahre erbauen ließ, in fesselnde Lektüre mich zu stürzen ..."* Im Dezember 1878 dann erfuhr der Komponist und quasi „Urheber" der Hütte durch einen weiteren Brief seines Mäzens: *„Heute machte ich zu Schlitten einen Ausflug nach dem wild und schön im Wald gelegenen, einsamen Hundingshause und las dort."*
Theodor Hierneis, vielzitierter Angestellter in der Hofküche, ergänzt in seinen Erinnerungen: *„In der Hundinghütte ... mit der mächtigen Weltesche, die das Dach durchbricht und in der Notung, Siegmunds Schwert steckt, wo brennende Holzscheite im offenen Kamin flackern und Bärenfälle den Steinboden bedecken, speist der König am einfachen Holztisch. Da stehen dann Hörner mit Met gefüllt, silberne Hirsche oder Reh enthalten die Sahne zum Mokka, und kleine Eulen dienen als Salzgefäße und Pfefferstreuer."*
Für Ludwig, eine „Leseratte" auf Bayerns Thron, war auch und vor allem die Hundinghütte ein

Um die gemauerte, offene Feuerstelle herum war der Boden der Hundinghütte im Ammerwald mit mehreren Mosaikfliesen in der Größe von 20 x 20 Zentimetern belegt. – Das Bauwerk entwickelte sich zu einem beliebten Ausflugsziel, auch für Einheimische. Der Ausflugsverkehr steigerte sich ab den 1920er-Jahren mit einer Gastwirtschaft und Übernachtungsmöglichkeit in den ehemaligen Stallgebäuden.

Erlebnis- und Stimmungsraum. In diesem – mit Blick auf den „Ring des Nibelungen" – Symbolraum für schicksalhafte Verstrickungen des Lebens schwankte Ludwig permanent auf dem von ihm selbst geschaffenen schmalen Grat zwischen handelnder Person und Zuschauer.

Eine unerwartete Störung ergab sich im Dezember 1884: Vermutlich ein Blitzschlag brachte die Hütte zum Brennen. Es gelang Helfern erstaunlicherweise, zwei Trinkhörner, drei Sitzpolster und zwei Bärenfelle zu retten. Ernsthaft verletzt wurde glücklicherweise niemand, abgesehen von Brandwunden an Backe und Hand eines Arbeiters. Sofort erteilte der König den Befehl zum Wiederaufbau, für den zunächst 20 Zimmerleute vor Ort eintrafen. Es sollten noch 15 weitere hinzukommen. Wer erahnt, wie widrig die Wetter- und Temperaturbedingungen im Dezember und Januar in diesem Wald auf einer Meereshöhe von 1.190 Metern sein können, wird überrascht sein: Bereits im Januar 1885 wird dem König mitgeteilt, dass die Hundinghütte *„wieder in wohnbaren Zustande hergestellt"* sei. Ludwig hatte zweieinhalb Jahre zuvor bei dem Maler Heinrich Breling ein Aquarell der Innenansicht der Hundinghütte bestellt. Breling war einer der wichtigsten Künstler für Ludwig II.: Er visualisierte von 1881 bis 1885 im Auftrag des Königs alle Linderhofer Schöpfungen in ansprechenden, meist aquarellierten Darstellungen. Die Außen- und Innenansichten hatten dank der Farb- und der Detailgenauigkeit sowie der Perspektive erhebliche Vorteile vor den zeitgleich für den König angefertigten Fotografien. So können wir uns dank der Werke Brelings von der erzielten bzw. vom König erhofften (Blau!) farbigen Illumination der Venusgrotte ein genaueres Bild machen.

„Majestät wünscht, Sie möchten zu weiteren Aufnahmen sogleich hierher kommen", forderte ein Telegramm 1881 Breling auf, sich erneut nach Linderhof zu begeben. Es ist das Jahr, in dem der Maurische Kiosk, das Marokkanische Haus und die Venusgrotte in vier verschiedenen Beleuchtungen gemalt wurden.

Dank der Lebenserinnerungen seiner Tochter Amelie wissen wir etwas mehr über das Arbeiten Heinrich Brelings vor Ort und über sein Verhältnis zu seinem königlichen Auftraggeber. Dem Maler wurde ein eigenes fahrbares

Häuschen zur Verfügung gestellt, damit er unabhängig vom Wetter draußen im Park arbeiten konnte: *„Das Malhäuserl mit winzigem Oferl konnte man überall hinschieben ... Papa malt vormittags im Schlossgarten und nachmittags an der Hundingshütte"*, schreibt die Tochter. Auch sei der König einmal schweigend an Breling vorbeigegangen, *„um ihn nicht bei der Arbeit zu stören"*.

An weiteren unterhaltsamen Geschichten mangelt es den Aufzeichnungen von Amelie Breling nicht. Der Vollständigkeit halber werden sie zitiert: *„Papa hat den König gemalt, wie er in seinem goldenen Schlitten sitzt. Ein fremder König bekommt das Bild von unserem geschenkt. Es ist nicht groß, aber es soll ein großes Kunstwerk sein. Man sagt, der König war ganz aus dem Häuschen, wie er es bekam."* Und weiter: *„Papa hat die fertigen Bilder hingebracht, die dem König zum Frühstück überreicht werden, der freut sich dann immer sehr dazu"* sowie *„Papa ist sehr vergnügt, er soll die Beleuchtung für die*

Zum Ende des 19. Jahrhunderts gab es in Deutschland eine Flut an „Hunding(s)-hütten". Die Deutsche Bau-Ausstellung in Dresden im Jahr 1900 bot in ihrem „Vergnügungseck im königlichen Großen Garten" eine germanische Welt mit Hundingshütte und Siegfriedschmiede. Hin und wieder bevölkerte eine „Germanengruppe" das vom Leipziger Architekten Fritz Drechsler entworfene Ensemble.

Grotte einrichten, die genauso blau sein soll wie die Grotte zu Capri." Inwiefern Heinrich Breling tatsächlich kurzzeitig mit der „Blau-Frage" (s. Kapitel „Venusgrotte") beauftragt worden war, die Erinnerungen der Tochter trügen oder der Vater einen Auftrag des Königs der Tochter gegenüber ausschmückte, wissen wir nicht. Das äußere Erscheinungsbild Ludwigs II. hätte Amelie hingegen kaum treffender beschreiben können: *„Der König ist furchtbar groß, aber angezogen wie alle Männer, kein Schwert und kein Zepter wie König im Märchen."*

Weil Ludwig II. stets auf aktuelle Fotografien und gemalte Bilder seiner Bauten (und auch jeweils neuer Schlitten und Kutschen!) zurückgreifen konnte, hat er seine überaus zahlreichen und gleichzeitig laufenden Bauprojekte gut organisieren können. Dieses Bild-Material war einfach zu transportieren und quasi an jedem Ort verfügbar – bei den vielen Ortswechseln des Königs sehr wichtig.

Das beständige Visualisieren machte für Ludwig einen Vergleich von Objekten und Räumen erst möglich. Zudem, und das ist mindestens ebenso relevant, bestätigte sich der König durch die Bilder und deren zunehmende Anzahl seiner schöpferischen Akte: Ludwig liebte das Nutzen, den Gebrauch und die Verfügbarkeit der fertiggestellten Gebäude (oder Räume davon) mindestens ebenso wie den Bauprozess – als das Erschaffen von etwas.

„O es ist nothwendig sich solche Paradiese zu schaffen, solche poetischen Zufluchtsorte, wo man auf einige Zeit die schauderhafte Zeit, in der wir leben, vergessen kann" – so formulierte Ludwig bereits im Januar 1869 gegenüber seiner ehemaligen Erzieherin Sybilla von Leonrod sein Bekenntnis, das er durch die Planung und den Bau von Schlössern in die Tat umsetzte.

Als seine persönliche und finanzielle Lage im Mai 1886, also nur wenige Wochen vor seinem Tod, immer auswegloser erschien, wandte sich Ludwig Hilfe suchend an einen Vertrauten: *„Die Bauten sind die Hauptlebensfreude. Ich denke, seit alles schändlich stockt, an Abdanken, Selbsttödtung. Der Zustand muß aufhören, die Bauten dürfen nicht mehr stocken ... Mein Lebensglück hängt davon ab."*

Das „Lebensglück" endete spätestens mit der Absetzung des Königs am 10. Juni 1886. Es folgte wenige Tage später sein bis heute ungeklärter Tod.

Als am 1. August 1886 die Schlösser Linderhof, Herrenchiemsee und Neuschwanstein offiziell für den Besucherverkehr freigegeben wurden, umfasste dies auch die Hundinghütte. Für 50 Pfennig (ungefähr 3,50 Euro) Eintritt (und in Gruppen von höchstens sieben Personen) nutzten im Sommer 1886 viele Besucher die Gelegenheit, persönlich zu sehen, worüber unter anderem die weit verbreitete Zeitschrift „Gartenlaube" kurz zuvor berichtet hatte: *„Dunkelbraun vor Alter sind die Holzwände der Hundinghütte; hellschimmernd heben sich davon die als Thüreinfassungen und Wandstützen angebrachten Birkenwände ab, auch die Fenster sind mit Birkenästen umrahmt.*

Ein großer Schwan, aus rohen Aesten zusammengestellt, dient der Außenwand als Zierat. Tritt man in den Innenraum, so fällt der Blick zunächst auf den Stamm eines riesigen Baumes, um welchen die Hütte erbaut ist. In diesem steckt ein Schwert, eine Erinnerung an das berühmte Hundingschwert der nordischen Sage. Eine Hängematte mit roher Malerei hängt vom Dachstuhl nieder; die Zimmerung der Wände ist mit Auerochsenköpfen und geweihtragenden Hirschschädeln geschmückt; auch mit Trophäen aus Beilen, Jagdspeeren und Trinkhörnern. Ueber den Boden ist eine breit geflochtene Bastdecke gelegt. Inmitten der Hütte ist die Feuerstätte, über welcher an eiserner Kette ein rußiger Kessel hängt; der Tisch besteht aus einer unförmigen von knorrigen Wurzeln getragenen Holzplatte; als Stuhl davor ein abgesägter Baumstumpf. Die Leuchter sind aus Wurzeln zusammengestellt, der Kronleuchter über dem Tische ist der Schädel eines Hirsches mit vielfach verschlungenem Geweih, an eisernen Kette hängend. Statt Tapeten hängen Fischernetze an der Wand. Zu beiden

Seiten des Hauptraumes finden sich kleinere Nebenräume, in dem einen derselben uralte Majoliken, auch Gläser und Teller für den Gebrauch des Königs; der andere dient als Schlafgemach. Die ganze Hütte ist bis auf die kleinste Einzelheit als das Bild einer uralten Jäger- und Fischerhütte mit vollendetem künstlerischen Geschmacke durchgearbeitet. Wer sie betritt, den umfangen Eindrücke und Gestalten, die in grauer Vorzeit zurückreichen, in eine Zeit, von welcher uns noch keine Geschichte meldet, sondern nur schwankende Sage. – Hier saß der König bei seinen Ausflügen vom Linderhofe aus in mancher Nacht, einsam mit seinen Gedanken, mit diesen Erinnerungen der Vorzeit und mit der schweigenden Hochgebirgsnatur, durch welche nur hier und da der Schrei eines Hirsches oder eines Nachtvogels scholl."

Die ausführliche Beschreibung korrespondiert mit der Neugier und dem Bedürfnis der Leserschaft, mehr über das Leben und die „Lebensräume" eines der merkwürdigsten Monarchen seiner Zeit zu erfahren. Uns heute Lebenden ermöglicht sie – neben dem Einblick in die Zeitumstände des Jahres 1886 – den Umfang und die Qualität der Rekonstruktion der Hundinghütte von 1990 zu beurteilen.

Für den ab 1986 geplanten Wiederaufbau im Schlosspark von Linderhof, konnte auf zahlreiche Entwürfe aus dem Baujahr 1876 (Grundrisse, Ansichten und Schnitte), die Aquarelle von Heinrich Breling (1882) sowie viele Fotos vom Zustand der Hütte bis zum Brand 1945 zurückgegriffen werden. Der neue Standort, etwa sieben Kilometer vom ursprünglichen Platz entfernt, musste bestimmte Kriterien erfüllen, um dem Original möglichst nahezukommen – denn Gebäude und Umgebung waren bereits für Ludwig II. stets als sich gegenseitig bedingende Einheit verstanden worden. Die im Juni 1990 eröffnete neue Hundinghütte kommt daher mit dem Bergblick, der Anlage eines Weihers durch Aufstauen eines Baches und der Lage am Wald sehr eng an die Situation des Vorbildes heran. Und ebenso die Blockbauweise, die Firsthöhe mit acht Metern und die Grundfläche von rund 200 Quadratmetern entsprechen weitestgehend dem ursprünglichen Bau. Yggdrasil, der Baum, stößt aber nicht mehr durch das Dach – entsprechend des letzten Zustandes bei der historischen Hundinghütte.

Bei der Innenausstattung musste jedoch wegen des Artenschutzes getrickst werden: Zwar hatten sich der Geweih-Kronleuchter, zwei Trinkhörner (vom indischen Gudscherat-Zebus) und mit Rattenfell bezogene Schilde erhalten, die vom König als *„Büffelkopf"* bezeichnete Bison-Jagdtrophäe aus Amerika fehlte jedoch. An ihrer Stelle hängt ein Wisentschädel aus der Münchner Zoologischen Staatssammlung. Das Münchner Jagdmuseum steuerte Bärenfelle und das Hauptzollamt einen Wolfsmantel bei. Ludwig könnte sich fast wieder heimisch fühlen, würde er jetzt vorbeikommen. Wundern würde er sich allerdings, woher die Musik kommt: Die Besucher werden von Musik aus dem „Ring des Nibelungen" empfangen. Etwas, was dem König zu seinem (Lese-)Glück noch gefehlt hätte.

Dass Gaststätten immer wieder aufs Neue besondere „Events" anbieten müssen, um Gäste zu binden, ist keine Erfindung des 21. Jahrhunderts. In Magdeburg richtete die Weinstube von Otto Bastanier im Breiten Weg Ende des 19. Jahrhunderts einen Raum als Hundinghütte und damit als Erlebnisraum ein. Das Besondere war hierbei, dass – wie im Bauwerk von Ludwig II. – sogar die Weltesche Yggdrasil als Gestaltungselement berücksichtigt wurde.

Dieses Aquarell der „Einsiedelei des Gurnemanz" von Heinrich Breling (1881) bestellte Ludwig II. Vor allem an Karfreitag musste der Hofgärtner den unmittelbaren Bereich um die Hütte in eine *„blumige Karfreitagsaue"* verwandeln. Das entsprach zwar der Oper „Parsifal", meist aber nicht der Schneelage im Gebirge.

Die Einsiedelei

Geweihte Stätte unter den Geierköpfen

Nach der Venusgrotte und der Hundinghütte ist die Einsiedelei des Gurnemanz, wie sie vollständig heißt, das dritte Bauwerk Ludwigs II. im Umfeld von Linderhof, das nach einer Bühnenanweisung von Richard Wagner errichtet wurde. Im Gegensatz zu den zwei erstgenannten Bauten wissen wir vergleichsweise wenig, was der König in diesem schlichten kleinen Gebäude unweit der Hundinghütte wirklich machte. Da Ludwig den Innenraum offenbar nur allein betrat und somit unmittelbare Zeugen fehlten, sind wir auf einige wenige Angaben vom Hörensagen und auf Schlussfolgerungen aus der Inneneinrichtung angewiesen.

Doch warum interessiert uns überhaupt eine Hütte aus Baumstämmen und Rinde, die nach dem Tod des Königs nur unzureichend gesichert wurde und in den 1960er-Jahren endgültig verfallen war? Wieso wurde sie im Jahr 2000 am östlichen Rand des Linderhofer Parks rekonstruiert, etwa sieben Kilometer vom ursprünglichen Standort entfernt?

„Ich ... ließ ... diesen Sommer eine Einsiedlerhütte, an einen Felsen angelehnt, errichten, wie jene von Gurnemanz, nahe einer Wiese, die im nächsten Jahre zur blumigen Au sich verschönern wird; eine Quelle fließt dicht dabei, Alles mahnt mich dort an jenen feierlich ernsten Charfreitagsmorgen Ihres wonnevollen ‚Parcifal', der mit überwältigender Macht mir bis in die tiefste Seele drang und Thränen der heiligst reinsten Rührung mir ins Auge treten ließ, mich, der wahrlich das Weinen nicht gewohnt ist. Dort auf geweihter Stätte höre ich ahnungsvoll schon die Silberposaunen aus der Gralsburg erschallen; dort höre ich im Geiste die heiligen Gesänge aus Montsalvat vom unnahbaren Berge herniedertönen; dort ist mir so wohl zu Muthe, bei jener Quelle, wo Parcifal des wahren, ächten Königthums Weihe empfing, das durch Demuth und Vernichtung des Bösen im Inneren erworben wird, worin die wahre Gewalt liegt! dort, wo Cundry getauft ward und selig erlöst, im Tode des Fluches Ende fand, dort ist es gut sein und der Genuß des Versenkens in den Geist der altgermanischen und mittelalterlichen Dichtungen und Sagen ein erhöhter! und dort auch werde ich mehr als je Ihrer gedenken", fasste Ludwig II. am 30. August 1877 in einem Brief an Richard Wagner die Bedeutung des äußerlich unscheinbaren Baues zusammen.

Die Worte des Königs sind im Grunde eine genaue Beschreibung des Bühnenbildes zum 3. Aufzug der Wagner-Oper „Parsifal". Diese jedoch gab es 1877 noch gar nicht: Das von Richard Wagner selbst als *„Bühnenweihfestspiel"* betitelte Musikdrama kam erst 1882 im Bayreuther Festspielhaus zur Uraufführung. Doch der Komponist und Texter arbeitete

Der Dienstmann zeigt, dass die Einsiedelei nach dem Ableben des Königs ebenso ein Ausflugsziel war wie die nahe gelegene Hundinghütte. Für die Einsiedelei gibt es allerdings keinen Nachweis, dass deren Inneres mit Ruhebett, Betschemel und offenem Herd aus nächster Nähe betrachtet werden konnte. Im Turm hängt die erhaltene Glocke.

bereits seit 1857 an dem dreiaktigen Werk, dessen Fertigstellung insbesondere Ludwig II. immer wieder befeuert hatte. Mit Beginn des Jahres 1877 endlich, kurz nachdem Ludwig die vorhin zitierten Zeilen an Wagner gerichtet hatte, begann Wagner das stringente Arbeiten an dem Opern-Projekt (das Vorspiel zum 1. Aufzug erklang erstmals im Rahmen einer Privatvorstellung für den König im November 1880; die gesamte Partitur war erst 1882 vollendet).
Ohne den seit mehr als zehn Jahren engen mündlichen und noch intensiveren schriftlichen Austausch von Monarch und Komponist hätte es die Einsiedelei 1877 gar nicht gegeben. Bereits 1865 hatte Wagner notiert: *„Wie wunderbar! – der König verlangt sehnlich vom Parzival zu hören."*
Der Name „Parzival" geht auf den gleichnamigen Versroman des mittelhochdeutschen Dichters Wolfram von Eschenbach (um 1160/80 – um/nach 1220) zurück. Wagner änderte die Schreibweise jedoch in „Parsifal", da er den Namen von den aus dem arabischen Sprachraum stammenden Worten „fal" für „rein" und „parsi" für „Tor" (= „der reine Tor") ableitete (wie sich später herausstellte, ist diese Worterklärung allerdings falsch). Auf dem „reinen Toren" Parsifal zumindest ruht die Hoffnung der gesamten Ritterschaft des heiligen Grals auf der Burg Montsalvat auf Erlösung und Erneuerung. Es ist eine Geschichte, die ganz auf Ludwig II. und sein stetes Ringen um Reinheit zugeschnitten war.

Das Bühnenbild des 3. Aufzuges zeigt gleich zu Beginn eine kleine Hütte im Wald. In ihr hat sich der Gralsritter Gurnemanz zurückgezogen, der einst alle Hoffnungen in Parsifal gesetzt hatte und von ihm enttäuscht worden war. Genau hier trifft Gurnemanz Jahre später wieder auf den „reinen Toren", der mittlerweile Ritter geworden ist und die Heilige Lanze von der Kreuzigung Christi besitzt. Die Wieder-Begegnung findet am Karfreitag statt …
Im Textbuch lautet die entsprechende Szenenanweisung von Richard Wagner: *„Im Gebiete des Grales. Freie, anmutige Frühlingsgegend mit nach dem Hintergrunde zu sanft ansteigender Blumenaue. Den Vordergrund nimmt der Saum des Waldes ein, der sich nach rechts zu aufsteigendem Felsengrund ausdehnt. Im Vordergrunde, an der Waldseite, ein Quell; ihm gegenüber, etwas tiefer, eine schlichte Einsiedlerhütte, an einen Felsblock gelehnt."*
Die Zeitschrift „Gartenlaube" beschreibt die real im Ammerwald existente „Parsifal-Bühnenbild-Hütte" Ludwigs II. so (1886): *„Unfern der Hundinghütte … liegt die „Klause"; eben so ganz aus rohen Stämmen gezimmert, mit einem Rindendach und Glockenthürmchen. Die Wände sind mit Malereien auf rauher Packleinwand geschmückt; aus gleichem Stoffe sind auch die Vorhänge der winzigen Fenster. Der Hausrath besteht aus Fischernetzen und alten Thongefäßen, aus einem alten rohen Betschemel und einem dunklen Krucifix darüber. So erscheint die ‚Klause' wie eine Erinnerung an jene dunklen*

Zeiten, als in diesen Thälern zum ersten Male das Christenthum eindrang. Man fühlt sich zurückversetzt in die Tage der Völkerwanderung, und wenn man hinaustritt in den schweigenden Bergwald ... kommt man unwillkürlich auf den Gedanken, als müßte von jenen schroffen Felszacken, den ‚Geierköpfen', die dort über den dunklen Fichten in den Abendhimmel starren, Wodan der alte Heidegott mit seinem wüthenden Heer niederfahren zum nächtlichen Ritte durch das Grenzgebiet."

Der Autor Hans Steinberger ergänzt: *„... das am Rande einer kleinen Wiese gelegene, aus Baumstämmen, Rinden und Zweigen hergestellte Häuschen, dem nicht nur das primitive Glockentürmchen den Charakter der Eremitage verleiht, sondern noch mehr die dürftige Ausstattung des Inneren mit einem einfachen Ruhebette, Tisch, Bank und offenem Herd, während vor der Hütte unter dem Glockentürmchen ein einfacher Sitz, aus einem Baumstrunke hergestellt, einen wundervollen Ausblick auf die schier übermächtig hereinragenden Geierköpfe in ihrer vollen Pracht gewährt."* Während der Autor der „Gartenlaube" die Einsiedelei fälschlicherweise ausschließlich mit der germanischen Welt der Hundinghütte gleichsetzt, weiß Steinberger korrekt zu berichten: *„In der ärmlichen, mit ascetischer Einfachheit ausgestatteten Behausung ... fand Parzival* [sic!] *sich selbst und seinen Glauben an Gott wieder; um die einfache Hütte läßt Richard Wagner ... den ‚Charfreitagszauber' der Blumenau erstehen und ganz im Sinne der mittelalterlichen Dichtung und des modernen deutschen Tonmeisters schuf König Ludwig hier in der tiefsten Weltabgeschiedenheit das Idyll der Einsiedelei."*

Wie sehr das Werk von Richard Wagner, die Sehnsucht des Königs nach dessen Vollendung und das vorab jeder Bühnenpräsenz erbaute Bühnenbild ineinandergreifen, bezeugen nachfolgende Zeilen des Königs, die er am 7. Dezember 1878 aus Linderhof an Wagner richtet: *„Innig verehrter, mit heiliger Gluth geliebter Freund! Unbeschreiblich ist die Freude, die mich erfüllte, als ich im Linderhofe Ihren himmlischen Brief ... erhielt mit der wonnebringenden Botschaft, daß der 2te Akt des ‚Parcival' vollendet ist ... Wie sehne ich mich, den Charfreitags-Zauber ertönen zu hören! Himmlisch schön ist schon die Dichtung, tief ergreifend und wahrhaft überwältigend muß für den andächtigen, weiheerfüllten Zuhörer diese gottvolle, reine Dichtung sein, wenn sie ihre Verklärung, ihr wahres Leben durch die nur Ihnen gegebene Sphärenmusik erhält! ... Heute machte ich zu Schlitten einen Ausflug nach dem wild und schön im Wald gelegenen, einsamen Hundingshause und las dort. Nicht fern davon steht Gurnemanz' Klause, fließt der Heilige Quell, liegt die Charfreitags-Aue! Selige Erinnerung an das Versenken in das himmlische Manuscript* [gemeint ist die Abschrift der Dichtung des „Parsifal" von Wagner], *Sehnsucht, Hoffnung nach Erfüllung! — Erlösung! — In heiliger Liebe, unwandelbarer, unerschütterlicher Freundschaft bis zum Tod, felsenfestem Glauben,* *ewig theurer Meister Ihr Eigen Ludwig."*

Für Ludwig II. war die Einsiedelei kostbarer, als es ihr Äußeres vermuten lässt. Der Vater von Sebastian Schauer, Jahrgang 1873, war Aufseher der Hundinghütte und berichtete seinem Sohn, dass man den König nach seinem Aufenthalt in der Hundinghütte *„in den Morgenstunden vor seinem Aufbruch nach Linderhof regelmäßig* [in der Einsiedelei] *im Gebet vorfand."* Und wenn Ludwig zur Abendstunde in der Einsiedelei weilte, habe er an der Glocke gezogen, damit ihn ein Diener mit Laterne abholte und zur Hundinghütte zurückbegleitete.

In der Nibelungenhalle bei Königswinter am Rhein sind Gemälde von Hermann Hendrich (1854–1931) ausgestellt. Die Motive der großformatigen Bilder beziehen sich auf die Wagner-Werke „Der Ring des Nibelungen" und „Parsifal". Zur Oper „Walküre" hat Hendrich 1913 die „Hundinghütte" gemalt – nach dem Vorbild der Einsiedelei im Ammerwald.

Immer wieder musste das Dach aus Rinde erneuert werden. Nach dem Tod Ludwigs verfiel die Einsiedelei jedoch zusehends. Der Nachbau des äußeren Erscheinungsbildes erfolgte im gleichen Abstand zur ebenfalls rekonstruierten Hundinghütte, so wie es einst im tiefen Ammerwald der Fall war.

Einzig die Glocke hat sich erhalten. Sie ist in der Hundinghütte ausgestellt. Per Knopfdruck kann man wieder hören, was Ludwig II. einst läutete.

Der König war „*... nicht besonders zufrieden mit dem Bild, das Kolorit sei zu matt, dann sei der Saal von der unrichtigen Seite aufgenommen, bei den Sälen im maurischen Styl wäre besonderes der Plafond das bemerkenswerth schöne, ... bei diesem Bild* [sieht man] *bedeutend zu wenig von dem Plafond ...*" Im Hintergrund der Innenansicht der Kubba von Georg Dehn (1878) ist die Nische für den Pfauenthron.

Für die Nische war ein Pfauenthron vorgesehen. In dem Entwurf von Franz Seitz (1878) sind die indischen Einflüsse unverkennbar. Neben dem Schwan war der Pfau ein Lieblingstier des Königs. Ihm setzte Ludwig 1885 im Vestibül von Schloss Herrenchiemsee mit einer großen Skulptur eines Pfauenpaars aus emaillierter Bronze auf einem Marmorsockel quasi ein Denkmal.

Architekten Dollmann, auf der Weltausstellung in Paris Ausschau nach interessanten orientalischen Bauten zu halten. Er fand und erwarb das „Marokkanische Haus" – es wurde auf der Stockalpe errichtet.

Liebend gerne hätte Ludwig auch die „Kubba" gehabt. Immer wieder fragte er an, ob aus dem Projekt wenigstens der Thronsaal gebaut werden könnte – dafür aber fehlten ihm die nötigen finanziellen Mittel.

Im Herbst 1881 wurde Heinrich Breling gleich in zwei Zeiträumen täglich von Linderhof zum Marokkanischen Haus gefahren: Die beiden Aquarelle der Außen- und der Innenansicht (Abbildung Seite 85) entstanden exakt in der Zeit vom 30. September bis 14. Oktober bzw. 23. bis 27. Oktober 1881. Sie waren wertvolle Quellen für die umfangreichen Wiederaufbau- und Restaurierungsmaßnahmen, die von 1988 bis 1998 dauerten und fast 2,5 Millionen Euro kosteten.

Das Marokkanische Haus

Veilchenbowle an der Grenze Tirols

So mancher der Arbeiter mag sich den Jahreswechsel 1878/79 anders vorgestellt haben. Zumindest kam der Auftrag zum Bau einer neuen Straße im Ammerwald recht spät im Jahr. Es musste sogar zwischen dem 29. Dezember 1878 und 4. Januar 1879, also mitten im Winter, am Weg zur neuesten Errungenschaft des Königs gebaut werden: zum einzigen originalen „orientalischen" Bau, dem Marokkanischen Haus. Ihn hatte Ludwig bereits drei Monate vorher direkt auf der Weltausstellung in Paris kaufen lassen.

Was den Arbeitern einen unverhofften Verdienst in einer ansonsten eher ruhigen Zeit bescherte, ist wohl auf den Maurischen Kiosk und auf ähnliche Bauten für den Wintergarten auf dem Dach der Münchner Residenz zurückzuführen. Denn Ludwig war absolut begeistert von seinen „orientalischen" Gebäuden – und damit ganz Kind seiner Zeit. Was stört es, dass alle bisherigen Kioske und auch der entsprechend eingerichtete Saal im Königshaus auf dem Schachen von Europäern, gar Nachfahren von Germanen, geplant und gebaut worden waren? Entscheidend war für die Nutzer, dass der Dreiklang aus einer bestimmten Architekturform, einem orientalisch anmutenden Innendekor und der Farbigkeit eine fremde Kultur und deren Lebensweise suggerierten. Ein Raum zum imaginären Reisen, zum Ruhen und zum kurzzeitigen „Entschwinden" aus dem Alltag sollte es sein. Und Ludwig bekam diesen Raum gleich mehrfach und nutzte dies intensiv aus. Aber der König wollte mehr, wie bereits das Projekt mit der „Kubba mit Hof" aufzeigte.

Der König hatte 1867 von der Weltausstellung in Paris begeistert mannigfaltige Eindrücke mitgenommen: *„Herrliches bietet die Ausstellung ... es grenzt an das Wunderbare ...; ohne Ermüdung war ich 6-7 Stunden en suite in der Ausstellung, die ich sehr genau mir besah"*, schrieb Ludwig kurz nach seiner Rückkehr aus Frankreich an Cosima von Bülöw. Wie ein Zeitgenosse bemerkte, zog insbesondere das orientalische Viertel den *„Strom der schaulustigen Menge"* an, *„gelehrte Forscher und wissensdurstige Laie*[n]*"* und ebenso Ludwig. Der Orient wurde mit Neugier und durchweg positiv betrachtet (zumindest das, was man sehen wollte). Sechs Jahre darauf erreichte die Orientmode auf der Weltausstellung ihren Höhepunkt, um dann weitere fünf Jahre später in weiten Teilen auf größere Vorbehalte oder gar

Ablehnung zu stoßen: Die Qualität und Originalität des kunsthandwerklichen Schaffens habe nachgelassen, so hieß es in vielen Kritiken zur Weltausstellung in der französischen Hauptstadt 1878.
Der aufmerksame und gut informierte (Zeitungs-)Leser Ludwig II. von Bayern könnte von dieser Einstellung bereits etwas mitbekommen haben, als er seinen Architekten Georg Dollmann aus nur einem Grunde auf die Reise nach Paris entsandte: *„Das schönste Gebäude von den ausgestellten wollen S.M. und soll dies auf einen Platz in Linderhof in der Nähe der Hundinghütte gestellt werden, und soll dazu sehr bald der Grund ausgemauert werden, damit das Haus sogleich aufgestellt werden kann."* Was für ein Drängen!
Ludwig hatte vorausschauend einen ihm besonders am Herzen liegenden Ort vom Militär erworben, für den die Kaufverhandlungen im Sommer 1877 begonnen hatten: Hofsekretär Ludwig Bürkel erhielt im März 1878 die Vollmacht, die Stock- und Griesalpe im Ammerwald *„auf Rechnung Meiner Kabinettskasse als Privateigenthum für Mich käuflich zu erwerben ..."* Genau für diesen Ort wünschte sich Ludwig einen orientalischen Bau. Obwohl Dollmann über Grundrissen saß und Maler mit Raumansichten und Thronentwürfen für die „Kubba mit Hof" beschäftigt waren, konnte Ludwig nicht abwarten. Die aktuelle Weltausstellung war für ihn zu verlockend, um auf die Möglichkeit zu verzichten, aus der bekannten großen Anzahl an außereuropäischen Gebäuden etwas Passendes auszuwählen. Dollmann begutachtete auf dem 77 Hektar großen Ausstellungsgelände sämtliche orientalischen Architekturen und sandte wohl Fotos von ihnen zum König. Zumindest war dies vereinbart.
Unter den Pavillons, darunter aus Persien, China und Siam, fiel dem Abgesandten ein in Marokko gefertigtes Haus auf, das als Verkaufsstand für marokkanisches Kunsthandwerk diente. Ein Grundriss des Gebäudes ging ebenso nach München wie der eines *„maurischen Objektes"* und des *„Pavillon de l'Algerie"*. Die Reaktion des Königs ließ nicht lange auf sich warten (*„... daß das marocanische Haus das Beste, und das Geeignetste ist, und soll dasselbe sehr bald gekauft werden, damit es nicht von Jemand Anderem angekauft wird."*) mitsamt einer Erklärung für die getroffene Wahl: *„S.M. finden, daß das Haus vollständig seinen Zweck versieht, da S.M. dasselbe nur um einige Stunden ungestört darin zu lesen benützen ..."* Daher ging alles ganz schnell: Der Kauf erfolgte Ende September 1878, die Ausstellung endete am 31. Oktober und der Schreinermeister Franz Greinwald reiste nach Paris, um am 8. November mit dem Zerlegen des als Fachwerkbau angelegten Holzgebäudes zu beginnen. Bereits am 25. November trafen die Einzelteile in Linderhof ein und wurden bis weit in den Dezember 1878 auf der erhöht liegenden Stockalpe zusammengebaut – rund 600 Meter Luftlinie nördlich der Hundinghütte und mit einem grandiosen Ausblick auf die

Beim Marokkanischen Haus fallen die verschiedenen kleinen Räume auf, die sich um einen innenhofartigen, quadratischen Mittelraum gruppieren. In dessen Mitte steht ein Brunnen aus Zinkguss. Wegen des kleinräumigen Inneren mit seinen reichen und empfindlichen Wandoberflächen kann der Besucher ausschließlich durch einen verglasten Windfang die Ausstrahlung des Orients wahrnehmen.

Das Marokkanische Haus sollte 1880 um ein „Maurisches Zimmer" erweitert werden. Dahinter verbirgt sich die Idee, von dem Projekt „Kubba mit Hof" wenigstens den Thronsaal zu verwirklichen. Der Anbau hätte dem König ein durchaus gesteigertes Raumerlebnis in die Höhe beschert; schließlich misst das Marokkanische Haus nur eine Traufhöhe von 4,10 Metern. Die Ausführung des Plans unterblieb letztendlich.

Zweitausender Kreuzspitze und Geierköpfe. Derweil hatte Jean Perron, der Bruder des für Ludwig auch in Linderhof rege tätigen Bildhauers Philipp Perron (1840–1907), den Auftrag erhalten, in Paris zahlreiche Einrichtungsgegenstände zu erwerben: Räucherschalen, Vasen, Platten, Leuchter, Tafelaufsätze, Tische mit Perlmutteinlagen, Konsol- und Hängespiegel, kleine Tischchen, Elefantentische und zwei bronzene Elefanten. Ebenfalls in Paris und in Lyon wurden kostspielige Stoffe erworben und teils in München verarbeitet. Das Ergebnis war ein rechter Stilmix, der von einer Matte aus Ostindien und mehreren Teppichen aus Persien und Quasten aus dem Osmanischen Reich noch gesteigert wurde. Stilmix hin oder her – orientalisch-fremdländisch sollte alles wirken, das war das Ziel.

Bevor alles seine Wirkung entfalten konnte, hatte Georg Dollmann – längst wieder zurück aus Paris – vom König Aufträge für eine Umgestaltung des Inneren erhalten. So wurden die vorhandenen Fenster durch farbige Glasfenster ersetzt, die wegen der alpinen Witterung stabiler als die maghrebinischen waren. Die Muster der neuen Fenstergitter jedoch hätten „originaler“ kaum sein können: Der Architekt entnahm dem Tafelwerk „L'art arabe d'après les monuments du Kaire“ des Ägyptologen Émile Prisse d'Avesnes (1807–1879) die Muster für alle Fenster des Marokkanischen Hauses. Die exakt kopierten Vorlagen stammen aus der Sultan-Hasan-Moschee und der größtenteils nicht erhaltenen Moschee al-Amir Qawsun in Kairo. Ein weiterer Austausch erfolgte beim Brunnen: Aus unbekannten Gründen bevorzugte Ludwig II. einen neuen, der im Zinkgussverfahren hergestellt wurde. Der König legte übrigens Wert darauf, dass das Wasser mit entsprechendem Druck weit aus der oberen Düse strömen sollte.

Endlich hatte der bayerische König mit dem in Marokko gebauten Haus auch ein Stück „echter Orient“ in seinem Bauten-Portfolio, doch dann: Ludwig befahl neue Anstriche für Innen und Außen, da er *„mit der Farbzusammenstellung ... ganz unzufrieden* [sei].“ Die originalen Farben waren ihm zu stumpf und erdig, er bevorzugte ein klares, kräftiges Rot und ein Königsblau. In Weiß gehaltene Stellen mussten ebenso übermalt werden und viel Goldfarbe kam zur Anwendung. Ludwig forderte *„nicht bürgerlichen, sondern fürstlichen Schmuck“*. Die Folge war, dass mit jedem Anstrich mehr und mehr die einst vorhandene Authentizität des orientalischen Bauwerks verschwand.

Für den Rauchabzug der notwendigen Heizmöglichkeit – schließlich ist es kalt im Gebirge – wünschte der König die Form eines Minarettes mit einer Haubenspitze, die einen Halbmond tragen möge. Beides sollte unbedingt vergoldet werden. Schließlich wurde dem 64 Quadratmeter Fläche umfassenden Bau auf der breiten Eingangsseite eine Terrasse mit umlaufender Brüstung vorgesetzt. In der Nähe kamen Stallungen und ein Küchengebäude hinzu (übrigens mit einem Glockenzug zum Marokkanischen Haus!). Ende 1879 war, bis auf ein paar Kleinigkeiten, endlich alles fertig.

Gerne folgen wir nun der Schriftstellerin Louise von Kobell, obwohl sie in ihren Erzählungen der Phantasie hin und wieder erlag: *„Eine wahre Sultanspracht herrscht in dem 1 1/2 Stunden vom Schloße Linderhof entfernten marokkanischen Haus. Hier ließ der König dann und wann sein Personal sich in buntgestickten afrikanischen Gewändern auf Polster und Teppiche lagern, Tschibuk und Nargileh rauchen und Sorbett schlürfen, um sich den Anblick eines echt maurischen Bildes zu verschaffen. Denn Ludwig II. liebte es, seine Phantasien in die Wirklichkeit zu übersetzen.“* Genau so muss es gewesen sein …

Der Augen- und Geschmackszeuge Theodor Hierneis (1868–1953) ergänzt aus der Sicht des Küchenjungen beziehungsweise Hofkochs: *„Jedes Ausflugsziel hatte seine kleinen Besonderheiten in Speisefolge und Gedeck … Da war die Pyramidenbowle und die Veilchenbowle, die abwechselnd im Marokkanischen Haus gereicht wurden, die eine, in der Ananasgeschmack vorherrschend war, wurde mit Datteltörtchen gereicht, zur Veilchenbowle – sie wurde aus getrockneten Veilchenwurzeln bereitet, die einige Stunden in französischem Sekt eingeweicht, ein merkwürdig starkes Aroma verbreiteten – gab es Petit fours, die dann mit kandierten Veilchenblüten belegt waren.“*

In den Genuss dieser Köstlichkeiten ist möglicherweise auch Josef Kainz gekommen. Schließlich war er im Juni 1881 Gast des Königs in Linderhof, der ihm alle seine bis dahin bestehenden Bauten präsentierte. Im Marokkanischen Haus soll der später berühmte Schauspieler aus „Don Carlos“ deklamiert haben; der König notierte im Tagebuch zumindest *„viel erzählt in das marokkanische Haus“* und *„Zauber der wundervollen Stimme.“* Der Gedanke, Ludwig könnte in einem der von ihm als *„himmlische Paradiese“* bezeichneten Bauten folgenden Text gehört haben, ist durchaus reizvoll, stimmt aber auch nachdenklich: *„Ein Augenblick, gelebt im Paradiese, wird nicht zu teuer mit dem Tod gebüßt“* (Friedrich Schiller, Don Karlos, I, 5).

Der Erwerb und der Aufbau des Hauses 1878/79 waren bereits teuer und aufwändig. Doch was sich rund 100 Jahre nach dem Tod des Königs ereignen sollte, stellte alles Vorherige in den Schatten: Nach dem Verkauf 1891 an einen Privatmann in Oberammergau diente der Ort für königliche Genüsse als Gartenhaus. Lange vernachlässigt und durch Wasser, Licht, Klima und Vandalismus geschädigt, erwarb die Bayerische Schlösserverwaltung das einzigartige Gebäude zurück und lagerte es jahrelang in Einzelteile zerlegt in Linderhof ein. Nach einer aufwändigen Restaurierung von 1988 bis 1998 erstrahlt eines der wenigen erhaltenen Zeugen der Weltausstellungen des 19. Jahrhunderts an einem Platz in Schlossnähe. Einzig, was noch fehlt: der Duft von Pyramiden- und Veilchenbowle.

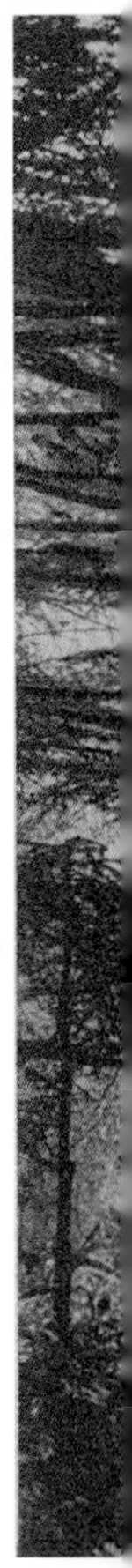

Nach Ludwigs Tod im Juni 1886 stellte sich auch für das Marokkanische Haus die Frage nach der weiteren Verwendung. Erste Pläne, es in den Schlosspark Linderhof zu versetzen, unterblieben. Fast auf den Tag genau fünf Jahre nach der „Königskatastrophe“ wurde Johann Diemer neuer Eigentümer. In der König-Ludwig-Straße am Osterbichl in Oberammergau wurde es sein privates Gartenhaus. Das Inventar aus der Zeit Ludwigs hat sich nicht erhalten.

Dieser aquarellierte Entwurf des Architekten Georg Dollmann aus dem Jahre 1869 sah eine Schlossanlage im byzantinischen Stil in einem weiten, parkartigen Gelände vor. Eine sogenannte Basilika mit Wohn- und Repräsentationsräumen war ebenso geplant wie nach byzantinischen Vorbildern bezeichnete Gebäude, darunter eine Kapelle und ein „Hippodrom". 1870 lieferte Dollmann die letzten Entwürfe. Danach verschwand das Projekt in der Schublade.

Die byzantinischen Paläste

Orte der himmlischen und irdischen Majestät

Über Nacht hat es viel geschneit. Ein bärtiger Mann stapft unerschrocken durch die hohe Schneedecke um einen Hügel herum, auf dem einzig Fichten ein wenig Farbe ins harte Weiß der Landschaft zaubern. Die unteren Hosenbeine des Mannes sind komplett nass, auch an den Füßen spürt er die Feuchtigkeit des in die Schuhe eingedrungenen Schnees. Seinem Auftraggeber wird er von den Umständen mit keinem Wort berichten. Vielmehr wird er Zahlen und Beschreibungen liefern, inwiefern der Rauhbichel westlich des Dorfes Graswang im gleichnamigen Tal für den Bau eines Schlosses im byzantinischen Stil geeignet ist. Der Empfänger dieser Informationen ist König Ludwig II. von Bayern. Trotz sehr vieler bereits errichteter Bauten hat der Monarch 1885 einige Pläne mehr. Darunter nun den, eine burgartige Schlossanlage im Stil Ostroms zu errichten. Wieder, muss man sagen, denn bereits 1869 spielte der König mit dem Gedanken, eine weit angelegte byzantinische Schlossanlage im Graswangtal zu bauen.

Ludwigs Planungen für byzantinische Architekturen beginnen früh und bestehen über knapp 20 Jahre hinweg aus zahlreichen Nebenwegen. Hier geht es um zwei von Ludwig 1869 und 1885 erdachte Bauten im byzantinischen Stil für das Graswangtal, deren Planungen tief von seinem Grundverständnis als Herrscher von Gottes Gnaden und von der Suche nach Reinheit und Erlösung bestimmt sind. Byzanz und Gral, Kaiser Justinian und Parzival mit Lohengrin reichen sich die Hände – zumindest im Denken und Verständnis von Ludwig II. Einzig im Thronsaal von Schloss Neuschwanstein sollte es dem König dann 1885/86 gelingen, alle Gedankenstränge in gebauter Architektur zusammenzubringen. Die Projekte zu selbstständigen byzantinischen Palästen hingegen blieben Träume.

Alles begann im Jahr 1813 mit dem katholischen Gelehrten Joseph Görres (1776–1848). In jenem Jahr stellte dieser in seiner Einleitung zu einer Neuausgabe der Dichtung „Lohengrin" eine These auf: Das Vorbild für die Schilderung des Gralstempels im „Jüngeren Titurel" (um 1260–1275) vom mittelhochdeutschen Dichter Albrecht (von Scharfenberg) sei die Hagia

Sophia (532–537) gewesen – die Palast- und Patriarchatskirche des byzantinischen Kaisers in Konstantinopel.

Die Ansicht von Görres war dem lesehungrigen Ludwig II. bekannt. Er beschäftigte sich seit mindestens 1865 sehr intensiv mit dem Gral sowie allen Legenden, Erzählungen und Vermutungen, die es zu dem Thema gab.

Am 21. August 1865 schrieb er beispielsweise an Richard Wagner: *„Heute las ich eine Beschreibung des Gralstempels! - Hin zu seinen Wonnen!“* Mehr als ein Jahr später äußert sich der Monarch gegenüber Wagner zu seiner eigenen Stellung als König folgendermaßen: *„Mir ist, als hätte ich diese willkommene Macht, diesen Glanz der Königswürde, diese Glorie der Majestät von Gott zum Lehen erhalten ...“* Im Tagebuch Ludwigs II. spiegelt sich die Beschäftigung des Königs mit dem Gral, mit seiner Königswürde und auch mit dem Thron an vielen Stellen wider. In einem Eintrag vom Januar 1868 werden alle drei Elemente miteinander verbunden: *„So wahr ich Heute die Stufen des Königs-Thrones emporschritt, umgeben vom Glanze, umleuchtet von den ewigen Strahlen der Majestät, das sichtbare Abbild Gottes auf Erden, das nicht fehlen, nicht sündigen kann, so wahr werde ich in diesem Monde keinenfalls es wieder thun, eingedenk des Eidschwures vom 20. Sept. 1867 und der Heiligen Lehren Parcivals!- Wie Du mich schirmst in meiner Noth, / So halt' in Treu ich Dein Gebot.“* Die letzten Worte zitieren „Lohengrin“ (Elsa zu Lohengrin im 1. Aufzug, 3. Szene).

Vor allem der Kontakt mit Richard Wagner nahm entscheidenden Einfluss auf die Gedankenwelt des Königs. Im August 1865 hatte der Komponist dem Monarchen den ersten Textentwurf zu seiner späteren Oper „Parsifal“ gesandt. Dieser Text sollte den König nachhaltig beeindrucken (s. Kapitel „Einsiedelei“).

In seinen Briefen und Tagebuchaufzeichnungen nimmt derweil der Königsgedanke immer breiteren Raum ein. Im Jahre 1869 beschäftigten den König Parzival (Wagner verwendet hingegen die Schreibweise „Parsifal“) und das Gralsmysterium besonders stark. Am 23. Mai 1869 schrieb Ludwig II. in sein Tagebuch: *„...über den Tempel des Hlg. Gral gelesen.“* Am 22. Juni dann: *„Montsalvat“*.

Zur selben Zeit befasste sich der König mit Byzanz und den byzantinischen Kaisern.

Sie thematisierten in ihrer Hauptkirche, der Hagia Sophia, das direkt von Gott stammende weltliche und religiöse Herrscheramt. Und da der Gedanke, die zentrale Kirche des byzantinischen Reiches und der Gral seien miteinander verbunden, stets präsent blieb, konnte Ludwig mit Byzanz zwei Ideenwelten vereinen: die vom Gottesgnadentum und die von der Macht des Grals.

1869 erschien von Johann Heinrich Krause die Abhandlung *„Die Byzantiner des Mittelalters in ihrem Haus-, Hof- und Privatleben“*. Ludwig, der beständig nach Literatur und Quellen zu Byzanz Ausschau hielt, interessierten an dem Buch insbesondere die Beschreibung des Palastes der oströmischen Kaiser in Konstantinopel, die Zeremonien am Hofe und allgemein die sakrosankte Monarchie in Byzanz.

Zeitgleich gab Ludwig II. die Order, für ihn das Zeremoniell am Hof des byzantinischen Kaisers eingehend zu beschreiben. Die Berichte (sie liegen im Hauptstaatsarchiv/Geheimen Hausarchiv in München) sind zwar weder datiert noch signiert, doch werden sie mit den Jahren um 1869 in Zusammenhang gebracht.

Es war nur eine Frage der Zeit, bis Ludwig seinen Architekten Georg Dollmann bitten würde, alle Worte in anschauliche Architekturpläne für einen eigenen Palast umzusetzen: Im April des Jahres 1869 legte Dollmann dem König den ersten Grundrissentwurf zu einer byzantinischen Anlage vor. Das Herzstück des für die Gegend bei Schloss Linderhof im Graswangtal projektierten Palastes sollte eine sogenannte Basilika sein, die die Wohn- und Repräsentationsräume des Königs aufnehmen sollte.

Der Hofsekretär von Düfflipp bekam am 20. April 1869 zu lesen: *„... die vorgelegten Pläne haben S. M.* [Seine Majestät] *sehr gut gefallen, doch muß das Gebäude großartiger werden. Sie und Dollmann möchten daher genau alles byzantinische durchsprechen und dann einen neuen, größeren Plan herstellen, damit alle historischen Säle hinein kämen ...“*

Kurz bevor Dollmann neue Pläne und einen Kostenvoranschlag einreichte, notierte Ludwig in seinem Tagebuch unter dem 5. Juni: *„Plan des byzantinischen Schlosses mit erneuter Macht aufgetaucht, in großartigen Umrissen, ... im vollsten Sinne des Wortes Tempel der himmlischen u. irdischen Majestät, des logos und basileus.“*

Während der König schwelgte, kam der Architekt mit nüchternen Zahlen: Die Palastanlage (s. Abbildung Seite 90) würde inklusive 200.000 Gulden *„für Meublement und Tapisserie“* 4,3 Millionen Gulden kosten (umgerechnet rund 67 Millionen Euro). Für diesen Preis hätte der König Innenräume mit Marmorimitat sowie szenische und ornamentale Malereien auf Goldgrund bekommen.

Besonders eine Raumplanung ist bemerkenswert: In der ersten Etage der Basilika findet sich eine symmetrische Anlage eines Thronsaales und eines Schlafzimmers. Beide Räume sollten ursprünglich einen rechteckigen Grundriss besitzen und an einer Schmalseite halbrund abschließen. In der um einige Stufen erhöhten Apsis des Schlafzimmers sollte das Bett stehen.

Dollmann und von Düfflipp erreichten auch nach Juni 1869 Literaturempfehlungen des Königs: *„Herr Dollmann soll auch über Sophienkirche und Kaiserpaläste fleißig lesen und dann den Plan ... zeichnen ... Ferner möchten Herr Hofrath auch in den Werken über Byzanz lesen, von den Thoren aus Erz, Silber, Eisen und Elfenbein, ebenso auch Herr Dollmann und möchten sich Herr Hofrath ein Buch großen Formats von ‚Krause‘ ... verschaffen und lesen, weil dieses über Kaiserpaläste handelt.“*

Bis ins Jahr 1870 legte der Architekt fünf verschiedene Planungsstufen für den Grundriss

In der Kirche Hagia Sophia in Konstantinopel verdichten sich die religiöse und weltliche Herrschaft der oströmischen Kaiser. Die durch den Publizisten Joseph Görres beförderte Verbindung zwischen dieser Kirche aus dem 6. Jahrhundert und dem Gralstempel war nicht nur entscheidend für Ludwig, sondern beeinflusste auch das Bühnenbild der Uraufführung des „Parsifal" 1882: Die Gralshalle nimmt deutlichen Bezug auf byzantinische Sakralarchitektur.

der Basilika vor – dann brach das Projekt plötzlich ab. Zum besseren Verständnis: Als Ludwig II. die byzantinische Schlossanlage plante, begann der Bau von Schloss Neuschwanstein, befanden sich die Ideen für „Tmeicos Ettal" und den Ausbau des „Königshäuschens" am Linder-Hof im Anfangsstadium, gab es in München mit der Königswohnung und dem Wintergarten in der Münchner Residenz eine große Baustelle und begann der Bau des Königshauses auf dem Schachen.

Wäre die Palastanlage errichtet worden, wäre sie immerhin das erste selbstständige Bauwerk im weiteren Umfeld von Linderhof gewesen. Ein konkreter Standort ist übrigens nicht mit absoluter Sicherheit zu definieren. Auf den Plänen ist nur *„Graswangtal"* genannt. Die Landschaftsdarstellung auf dem Aquarell von Georg Dollmann bestätigt in ihrer Anmutung der Ammergauer Alpen diese grundsätzliche Ortsbestimmung. Anzunehmen ist, dass nur das Gebiet zwischen Lichten- und Elmaubach am Fürstenweg, südöstlich des Schlosses, die notwendige Fläche geboten hätte.

Fünfzehn Jahre und zahlreiche andere Gebäudeplanungen später wird der Gedanke eines Schlosses im byzantinischen Stil plötzlich wieder aktuell. Nun kam die Anregung aus dem Theater: Ludwig II. bestimmte spätestens im Januar 1885 das Schauspiel „Theodora" des französischen Dramatikers Victorien Sardou (1831–1908) für seine Separatvorstellungen. Das Stück war erst zu Weihnachten 1884 mit Sarah Bernhardt (1844–1923) in der Titelrolle in Paris uraufgeführt worden. Ludwig interessierte sich sehr für die Geschichte des byzantinischen Kaisers Justinian und dessen Gemahlin Theodora, die als Schauspielerin zur Kaiserin aufstieg (gestorben 548 in Konstantinopel).

Nach einigen Proben und detaillierten Ratschlägen des Königs für den Intendanten, den Regisseur und den Übersetzer kam das fünfaktige Drama Anfang Mai 1885 dreimal auf die Bühne des Hof- und Nationaltheaters – ausschließlich für den König (das Publikum bekam das Stück 1886 und 1887 zu sehen). Die Vorbereitungen und das Erleben des Bühnenbildes mit der Hagia Sophia mögen Ludwig erneut angeregt haben, seine Ideen von 1869/70 noch einmal aufleben zu lassen.

Während der Nachfolger von Georg Dollmann, der Architekt Julius Hofmann, den Auftrag für Grundrissentwürfe und eine Seitenansicht erfüllte, überließ der König seinem Vertrauten Richard Hornig bereits die Suche nach einem geeigneten Baugrund.

„Im Ammerwalde, unmittelbar an der Landesgrenze und auf derselben Seite auf welcher der Hubertuspavillon gebaut wird, wäre wohl noch ein für den Bau passender Platz zu finden, jedoch würden sich auch hier ... Schwierigkeiten in den Weg stellen ... Die Pläne sind nicht fertig, die Detailzeichnungen fehlen, und dann tritt noch hinzu, daß der Grund und Boden erst erworben werden muß", berichtete der de facto Privatsekretär Hornig über einen Diener am 12. Juni

Viele Jahre nach der ersten Idee griff Ludwig II. 1885 noch einmal seinen Gedanken eines byzantinischen Palastes auf. In diesem Aquarell von Julius Hofmann, das die Seitenansicht des Projektes zeigt, wird deutlich, wie sehr sich auch der Bauherr verändert hat: Von einer offenen Bauweise entwickelte sich die Schlossplanung hin zu einer kubischen, kompakten Anlage. Der Architekt hat sich stilistisch eng an historischen Architekturen von Byzanz orientiert.

1885 an seinen Herrn. Trotz des Hinweises auf die ausstehenden Baupläne, wünschte der König, zwei weitere Orte mögen in Augenschein genommen werden: *„Den Allerhöchsten Befehl, mich morgen auf jenen mir gut bekannten Hügel im Graswangthale zu begeben und den Hügel gegenüber des Linderhofpavillons anzusehen, werde ich morgen zur Ausführung bringen und einen sehr eingehenden Bericht Seiner Majestät allerunterthänigst in Vorlage bringen"*, bestätigte Richard Hornig sechs Tage später den Auftrag. Tatsächlich, er lieferte bereits weitere drei Tage danach einen ausführlichen Bericht ab. Demnach käme nur ein Ort wirklich in Frage: *„Der im Besitz der Bauern von Graswang in der Nähe dieses Dorfes gelegene Hügel führt den Namen Rauhberg* [Rauhbichel]. *Derselbe ist mit hohen Bäumen, Buchen, Ahorn und Fichten bewachsen ...* [Die] *Formation gestaltet den Rauhberg sehr ungünstig zu einem Bauplatz; es ist kein eigentliches Plateau vorhanden, und durch Coupiren ein solches zu schaffen, würde den ohnehin nicht sehr hohen Berg zu sehr drücken ... der Ankauf desselben würde jedoch mit Schwierigkeiten zu kämpfen haben, weil die Bauern von Graswang für denselben eine den Werth weit übersteigende, hohe Summe verlangen ... Der verstorbene Graf Pappenheim trug sich mit dem Gedanken ein kleines Jagdhäuschen auf den Rauhberg zu erbauen, sein Plan scheiterte jedoch an den habgierigen Forderungen der Bauern von Graswang. Ein unvergleichlich besserer Bauplatz wäre der sogenannte Linderbichl, der gegenüber dem Pavillon gelegen ist."* Laut Hornig würde *„jeder Bau mit größerer Ausdehnung auf dem Linderbichel Platz finden ..."*

Diese Angaben setzen voraus, dass Richard Hornig grob im Bilde war, was geplant wurde bzw. welche Maße der projektierte Bau haben würde. Ob er allerdings bereits wusste, dass es sich – im Gegensatz zu dem auch ihm bekannten Plan von 1869 – nun eher um eine Mischung aus syrischer Kreuzfahrerburg und orthodoxem Kloster handelte?

Am 23. August 1885 sandte Hofmann seine Entwürfe mit einer umfassenden Beschreibung: *„Die Seiten-Ansicht zeigt links den großen Thurm, an welchem sich das Herrenhaus mit dem Triclinium anschließt, dann die Kirche, und im Hintergrund den Thronsaalbau ... Es sind feste*

geräumige Thürme für eine Nothwendigkeit erachtet worden, um sich in der größten Gefahr … zurückziehen zu können."

Das Zurückziehen und die Distanz kommen ebenso beim separierten Eingang für die Diener *(„… damit selbe in keiner Berührung mit der Allerhöchsten Herrschaft kommen.")* und bei den hohen Fenstern in den Räumen für Dienerschaft und Küche *(„… so daß man in den Hof nicht sehen kann.")* zum Ausdruck.

Von der offenen, weiten Anlage des Jahres 1869 zum festungsartigen Baukörper 1885 – nichts könnte die persönliche Entwicklung des Bauherrn trefflicher verbildlichen.

Die Amalienburg (1734–1739) im Park von Schloss Nymphenburg stand stilistisch Pate für Architektur und Innendekoration des Hubertuspavillons. Die Federzeichnung der Eingangsfassade dieses Gebäudes vom Februar 1886 zeigt die mittlerweile auf Wunsch des Königs deutlich erhöhte Kuppel und damit im Vergleich zum Vorbild auch eine immense Proportionsverschiebung. Der königliche Schlosswart Josef Almesberger (hier mit seiner Frau Juliana) war nach dem Tod des Königs mit der Organisation des Abbruchs beschäftigt.

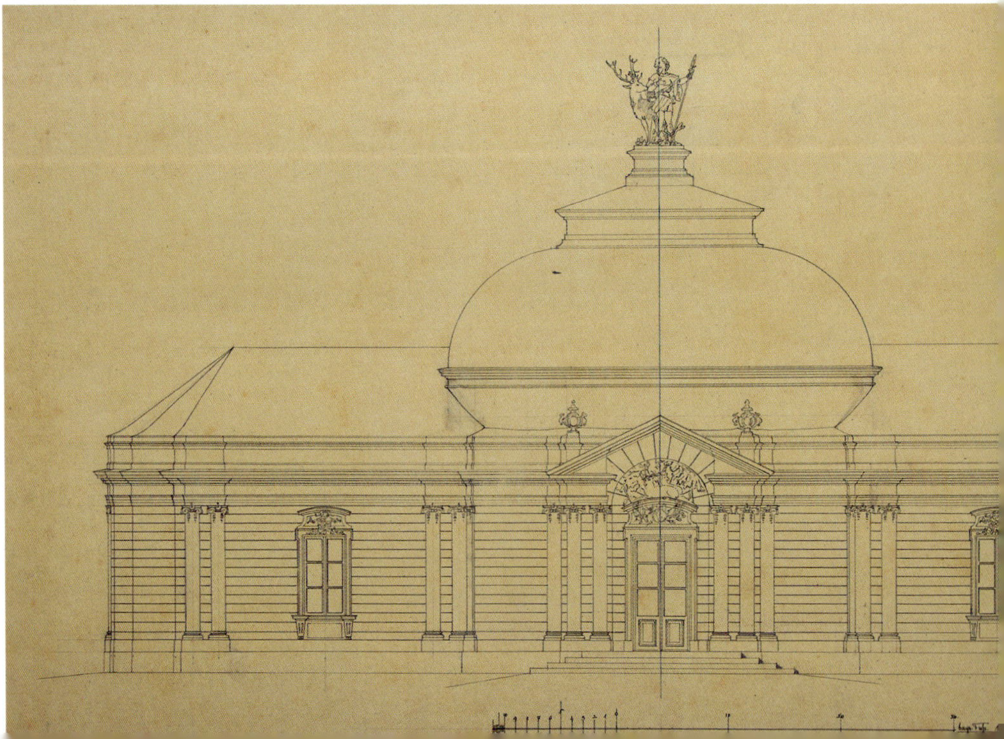

Der Hubertuspavillon

Auf und Ab im Ammerwald

Unterhalb der Hochblasse mit fast 2.000 Metern Höhe, am Südfuß des Straußbergs, stand eines der am wenigsten beachteten Bauwerke Ludwigs II. in den Ammergauer Alpen: der Hubertuspavillon. Wer heute nach dem Ort sucht, in den der König sehr viel Zeit, Gedanken und auch Geld investierte, muss sich im besten Falle mit profanen Ziegelsteinen zufriedengeben. Sinnvoller wäre es wohl, die Ruhe des Waldes und der Natur zu wahren. Wer hingegen „herrschaftliche" Relikte eines der Schlüssel-Bauten zum Verständnis des „Märchenkönigs" sehen möchte, muss nach Oberammergau fahren. Doch alles der Reihe nach.

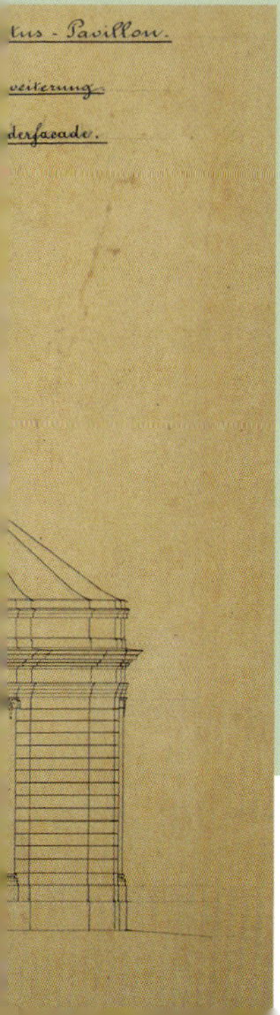

Für die Bau- und Finanzverantwortlichen am Hofe war es gewiss eine eher unangenehme Weihnachtsüberraschung, als *„Seine Majestät"* am 24. Dezember 1884 den Befehl gab, im Ammerwald möge ein Pavillonbau nach dem Vorbild der Amalienburg entstehen. Sie wussten nur zu gut, dass aus einem zunächst gewünschten *„ganz kleinen Gebäude"* durchaus etwas Größeres bis Großes erwachsen kann (s. Kapitel „Linderhof"). Ludwig hatte konkrete Vorstellungen, aus welchen Räumen dieser Pavillon bestehen solle: ein kreisförmiger Mittelsaal mit links und rechts je einem hufeisenförmigen Zimmer. Diese Raumfolge weckte bei den Erfahrenen am Hofe Erinnerungen: Sie entspricht dem ersten Anbau an das „Königshäuschen" in Linderhof – aus dem sich dann das bestehende Schloss entwickelte.

Warum aber ist die Amalienburg im Park von Schloss Nymphenburg (München) das Vorbild? Ludwig kannte dieses barocke Bauwerk aus der Zeit des Kurfürsten Karl Albrecht von Bayern bereits aus Kindheitstagen und suchte es auch als König immer wieder auf. Die Amalienburg, von Francois Cuvilliés dem Älteren (1695–1768) von 1734 bis 1739 errichtet, steht architekturgeschichtlich für ein neues Ideal von Intimität und Wohnlichkeit. Insofern passt es, dass Ludwig in seinem Baubefehl vom Dezember 1884 einen Schritt über das Vorbild hinausgeht und anordnet, der Zugang zu seinem Pavillon solle nur über eine einzige Türe möglich sein.

Die Amalienburg steht aber noch viel mehr für barocke Jagdfreude und höfische Geselligkeit. Darauf sind alle ihre Räume inklusive Waffenschränke und Hundekammer ausgerichtet: Vom Dachbalkon der jüngsten der insgesamt vier Parkburgen im Nymphenburger Schlosspark zielten der Kurfürst und seine Ehefrau Maria Amalie von Österreich (1701–1756) mit ihren Gewehren vor allem auf Fasane. Ludwig II.

hingegen, der weder der Jagd noch der höfischen Geselligkeit etwas abgewinnen konnte, wollte mitten im Wald vielmehr auf literarische Spurensuche gehen. Die hätte ihn an diesem Ort mit Sicherheit vornehmlich in die Herrschaftszeit der Bourbonen des 17. und 18. Jahrhunderts geführt. Eine gedankliche Reise in das barocke Bayern würde durchaus ebenso zum Raum passen: Dass sich Ludwig II. für das 18. Jahrhundert und seinen Vorfahren Karl Albrecht nicht nur interessierte, sondern die Verbindung in Objekte und Räume umzusetzen wusste, kennen wir vom Schlafzimmer-Neubau in Linderhof (s. Kapitel „Linderhof"). Ludwig wollte das 1730

Ludwig II. erwarb zwei Parzellen im Ammerwald von der Gemeinde Reutte/Tirol. Sein Privateigentum befand sich nicht auf bayerischem Hoheitsgebiet, sondern in Österreich. Auf der von einem Fahrweg umschlossenen Fläche (links am Rand in der Planskizze eines Notariatsakts vom April 1886) wurde der Hubertuspavillon errichtet.

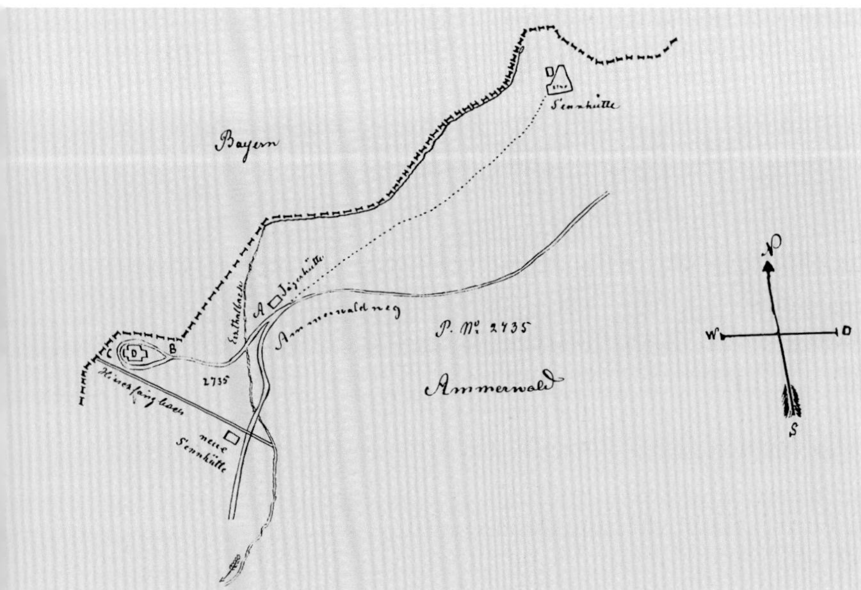

entstandene Schlafzimmer (wie die Amalienburg ebenfalls von Cuvilliés entworfen) der sogenannten Reichen Zimmer in der Münchner Residenz wiederholen. Im Arbeitszimmer von Linderhof wiederum nutzte Ludwig ein Schreibzeug, das sich in der Gestaltung am gleichen Gebrauchsgegenstand orientierte, welcher für Kurfürst Karl Albrecht um 1730 in Paris hergestellt worden war (und zu Ludwigs Zeiten in den Reichen Zimmern präsentiert wurde). Auffälliger sind zwei weitere „Übernahmen" Ludwigs: Das Spiegelzimmer im Schloss Linderhof, das der König ab 1876 uneingeschränkt nutzen konnte, hat sein Vorbild im Spiegelkabinett der Münchner Residenz (Cuvilliés). Bereits neun Jahre vorher ließ Ludwig die Kutsche, mit der der Kurfürst 1742 in Frankfurt zu seiner Krönung zu Kaiser Karl VII. gefahren war, renovieren. Sie war als Hochzeitskutsche für Ludwigs damalige Braut Prinzessin Sophie Charlotte in Bayern (1847–1897) und ihn vorgesehen.

Das sind mehr als stilistische Anleihen oder Entscheidungen nach dem Geschmack. Ludwig war der sich stets selbst befragende und suchende *„König von Gottes Gnaden"*, wie ihn die offizielle Titulatur auswies; er suchte und fand den direkten Bezug zu seinem kaiserlichen Vorfahren. Vom – neben Ludwig dem Bayern im 14. Jahrhundert – einzigen Wittelsbacher, der diese höchste Herrschaftsauszeichnung erlangte, leitete Ludwig II. für sich Stärke und Legitimation als Monarch ab. Insofern verwundert eine weitere Entscheidung Ludwigs nicht: Er erneuerte den von Karl Albrecht 1729 wiederbelebten Hausritterorden vom Heiligen Georg und genoss – im Gegensatz zu anderen repräsentativen Ereignissen – seine Stellung als Ordens-Großmeister mit den jährlichen Festen am St.-Georgs-Tag. Diese stets pompösen Zeremonien waren für Ludwig eine der wenigen Möglichkeiten, hoheitsvoll im Glanze des Herrschertums zu agieren. Und sie fanden in den Reichen Zimmern Kaiser Karls VII. statt ...

Weniger hoheitsvoll war wahrscheinlich das Schreiten Ludwigs durch den Ammerwald auf der Suche nach einem geeigneten Grundstück für seinen Pavillon à la Amalienburg. Denn es wird überliefert, Ludwig habe das Grundstück persönlich ausgesucht – an einem von Hochwasser ungefährdeten Platz inmitten des Waldes und ganz in der Nähe des Schützensteigs, der über die Bleckenau nach Hohenschwangau führt ... unter anderem zu seiner Großbaustelle Neuschwanstein.

Mit der Wahl dieses Grundstücks befand sich der König von Bayern aber nicht mehr auf bayerischem Hoheitsgebiet, sondern im Kaiserreich Österreich, vielmehr auf Grund und Boden der Marktgemeinde Reutte in Tirol. Von ihr erwarb der König das Waldstück nebst Fahrweg und ein weiteres mit *„Sennhütte nebst Stallung"* als Privateigentum bereits am 21. Februar 1883 für insgesamt 4.800 Reichsmark (umgerechnet knapp 34.000 Euro).

Von Anfang an wurde die Bauidee als „Hubertuspavillon" in den Akten geführt. Der Bauherr

Auf den Plan von Julius Hofmann vom November 1885 mit vergrößerten Seitenkabinetten folgte eine weitere Änderung: Auch der Mittelsaal musste vergrößert und dafür das bisher Errichtete abgerissen werden. An der Inneneinrichtung wurde parallel gearbeitet; einiges war bereits fertig. So auch die für das Lese- bzw. Schlafzimmer vorgesehenen Stoffe in Blau und Rosa der Münchner Firma J. G. Schreibmayr.

selbst achtete möglichst darauf, in seiner Korrespondenz „St. Hubertuspavillon" zu schreiben. Die Betonung des Heiligen und Schutzpatrons der Jagd mag eher aus religiösen und ideengeschichtlichen Gründen resultieren als aus dem Wunsch, den Jägern samt Jagd ein Denkmal zu setzen. Der Silberschmied Adolf Halbreiter (1839–1897) in München bekam den Auftrag für eine Skulptur, die den Heiligen Hubertus in der seit dem Mittelalter überlieferten Darstellung zeigt: in kniender Stellung vor einem Hirsch mit Kruzifix zwischen den Geweihästen. Die 40 Zentimeter hohe Arbeit aus Silber auf einem Ebenholzsockel wurde 1886 fertig und sollte wohl im mittleren Salon aufgestellt werden. Ob sie je den Weg in den Ammerwald fand, ist anzuzweifeln. Denn der Hubertuspavillon sollte nie vollendet werden, obwohl recht schnell mit den Planungen und dem Bau begonnen worden war.

„Neuerdings wage ich Euer Königlichen Majestät die feste Versicherung allerunterthänigst zu Füßen zu legen, daß ... das zu vergrößernde Linderhof-Schlafzimmer und ... der Hubertuspavillon in den Monaten November und Oktober des heurigen Jahres so vollendet sein werden, daß sie, ohne gesundheitsschädlich [d. h. trocken] *zu sein, bewohnt werden können"*, wagte der langjährige Vertraute Richard Hornig Ludwig anzukündigen. Doch weder das Schlafzimmer noch den Pavillon sollte der König je bewohnen können.

Bei Letzterem stand sich Ludwig (wieder) selbst im Wege. Waren Ende März 1885 trotz Schnee bereits *„die Ausgrabungen für die Heizung gemacht"* und Ende Juni *„die Mauerungen am Hubertuspavillon"* vollendet, häuften sich tiefgreifende Änderungswünsche.. Da half auch kein Hinweis, dass *„der Dachstuhl für den Hubertuspavillon* [demnächst] *... im Bahnhof München verladen"* werde und dass *„die Wölbung der Kuppel im Hubertuspavillon ... genau nach der Wölbung der Kuppel in der Amalienburg genommen"* worden sei – Ludwig blieb sich treu. Er forderte ein ums andere Mal die Verlängerung der seitlichen Räume: Gemauerte Wände wurden wieder eingerissen, die Fundamente neu gelegt. Letztlich wollte der Bauherr auch einen größeren Mittelsaal (Speisezimmer). Das gesamte Gebäude musste abgerissen werden.

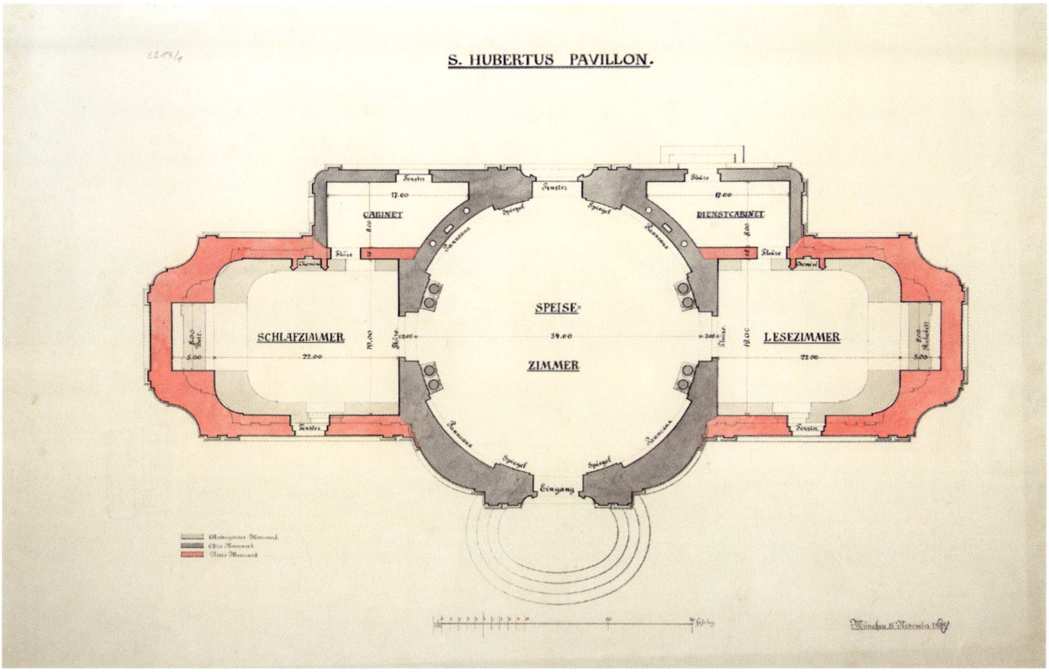

Dabei waren die Maler mit ihrer Arbeit bereits weit fortgeschritten. Einer von ihnen, Wilhelm Marc (1839–1907; Vater des weit berühmteren und bedeutenderen Malers Franz Marc) hatte das Deckenbild im Schlafzimmer („Aufnahme der Marquise Pompadour in den Olymp" nach einem Gemälde von François Boucher) wohl fast beendet. Es half nichts, mitten im Winter wurde das bisher Bestehende nahezu komplett entfernt. Die Meldung vom 13. Dezember 1885 an den König klingt fast lakonisch: *„Im Ammerwald ist der Putz der Plafonds weg + Montag entfernen die Zimmerleute die Schalung und die Biegen."* Die Maler wurden entweder gänzlich abgezogen oder arbeiteten an den Deckengemälden des Schlafzimmers von Schloss Linderhof.

Als neuer Fertigstellungstermin wurde August 1886 ins Auge gefasst.

Zeitgleich zu den Planänderungen reifte in Ludwig die Idee zur Anlage eines Wildparks („Hirschgarten"). Dazu musste von der Gemeinde Reutte ein weiteres Grundstück zu den bereits erworbenen Parzellen gekauft werden. Der König wollte *„sehr viele Hirsche und Hirschkühe"* darin unterbringen; Hornig warnte aber geschickt vor dem Erwerb eines zu großen und

damit teureren Grundstücks: *„Sollte jedoch der Raum noch größer an Ausdehnung werden müssen, so tritt die Unannehmlichkeit ein, daß man das Hochwild nicht leicht zu sehen bekommt …"* Der Preis für die angedachte Fläche (von umgerechnet knapp sechs Fußballfeldern) wurde zwar *„in Anbetracht der von König Ludwig II. und der ganzen königlichen Familie erhaltenen Wohltaten"* seitens der Gemeinde im Vergleich zum Ursprungsangebot um ein Viertel reduziert –, doch dem königlichen Hofsekretariat war dies noch immer zu teuer. Hornig reicht dessen Meinung an den König weiter: Die Forderungen seien so exorbitant, *„daß sie einer Erpressung ähnlich sehen"*. Auf das Münchner Angebot, nur ein Siebtel des Preises zahlen zu wollen, reagierte die Marktgemeinde Reutte deutlich verschnupft. Da half den Münchnern auch kein Verweis auf ein Gutachten des Oberammergauer Oberförsters Binder, der das Grundstück vermessen und taxiert hatte. Am 12. Dezember 1885 beendete die Gemeinde Reutte wegen unterschiedlicher Preisvorstellungen die Kaufverhandlungen. Ludwigs Vorstellung eines Hirschgartens als stimmungsvolles Ambiente zum Schauen blieb unerfüllt.

„… rasch vorwärts mit dem Schlafzimmer in Linderhof, St. Hubertuspavillon u. mit dem Ausbauen von der Burg, von Herrenwörth u. Falkenstein. Mein Lebensglück hängt davon ab. Besorge es mit Eifer u. flöße diesen H. v. Ziegler bestimmt ein. Er soll es entschieden durchreißen, alle Schwierigkeiten besiegen, d. Hindernisse niederwerfen u. baldigst ist die Hauptsache …", schreibt ein verzweifelter Ludwig knapp einen Monat vor seinem Tod an einen, dem er vertraut. Während in München die Absetzung des Königs vorbereitet wird und die immensen privaten Schulden des Monarchen nahezu täglich in der deutschen wie internationalen Presse thematisiert werden, gibt es für Ludwig nur das Bauen. Als er stirbt, steht der Hubertuspavillon, dieser fast gänzlich zu Stein gewordene Versuch einer weiteren poetischen Herrschaftslegitimation, nur im Rohbau.

Ende Juli 1887 kaufte der kaiserlich-königliche Postmeister und Gasthofbesitzer Andreas Angerer aus Reutte alle einst von Ludwig erworbenen Grundstücke für ein Zwölftel des vom

Der König war ein bis ins letzte Detail genauer Bauherr. Unzählige Zeichnungen und Bilder sowie dazugehörige schriftliche Kommentare und Anweisungen wechselten zwischen München und Ludwigs verschiedenen Aufenthaltsorten hin und her. Mal verwies er auf Vorbilder in der Amalienburg, mal auf Schloss Brühl oder auf bestimmte Stichwerke des 18. Jahrhunderts. Aus den verschiedenen Einflüssen entstand auch dieser Entwurf eines Alkovens von Eugen Drollinger vom Mai 1885.

Mit dem Tod Ludwigs verlor der unfertige Hubertuspavillon jegliche Funktion. Er wurde abgerissen, die Ziegel und weitere Bauteile an verschiedene Interessenten veräußert. Die mehrstufige Treppe, die den Eingang des Gasthofs zur Post in Reutte zierte, soll vom Pavillon stammen. Die Aufnahme von Ludwig Reiter (1926) zeigt den österreichischen Bundespräsidenten Michael Hainisch (1858–1940; 6. v. r.) – ein Staatsoberhaupt auf königlichen Stufen. Im Oktober 1888 wurden in Stuttgart zahlreiche Gegenstände versteigert, die für den Hubertuspavillon vorgesehen waren, darunter diese Hubertusgruppe aus Silber als „*Kabinettstück ersten Ranges*".

König bezahlten Preises. Für die Fundamente allerdings hielt sich die zuständige „Administration des Vermögens Seiner Majestät des Königs Otto" das Eigentum vor: Im kommenden Winter würden die Steine ausgehoben und weggebracht. Das, was nicht abgeholt werden würde, fiele in das Eigentum des Käufers.

Bis zum Abbruch des Gasthofs zur Post in Reutte 1981 konnte man vor dem Haupteingang noch die Marmorstufen betreten, die für den königlichen Pavillon vorgesehen waren – so ist es überliefert. Bleiben die Säulen aus „Sizilianer Marmor" an der Westseite des Oberammergau Museums. Sie sollen aus dem Mittelsaal des Hubertuspavillons stammen.

Der Heilige Hubertus begleitete den König letztlich bis ins Grab: Er wird nach der Obduktion in die schwarze Tracht des Großmeisters des Hausordens vom Heiligen Hubertus gekleidet und darin in der Münchner Hofkirche aufgebahrt. Ludwigs Urgroßvater Maximilian I. Joseph (1756–1725) hatte den Hubertusorden zum höchsten Orden des Königreiches Bayern erhoben.

Julius Hofmann hatte nur drei Wochen Zeit, den Befehl des Königs zu einem Entwurf zu einem chinesischen Sommerpalast umzusetzen. Ende Januar 1886 sandte der Hofarchitekt diese aquarellierte Seitenansicht zum König nach Hohenschwangau. Dem folgten im April Ansichten des zentralen Thronsaals. Deren Verbleib ist unbekannt. Wie das Schlossprojekt letztlich vollendet ausgesehen hätte, ist bei den bekannten und zahlreichen Änderungswünschen des Königs vollkommen unbekannt.

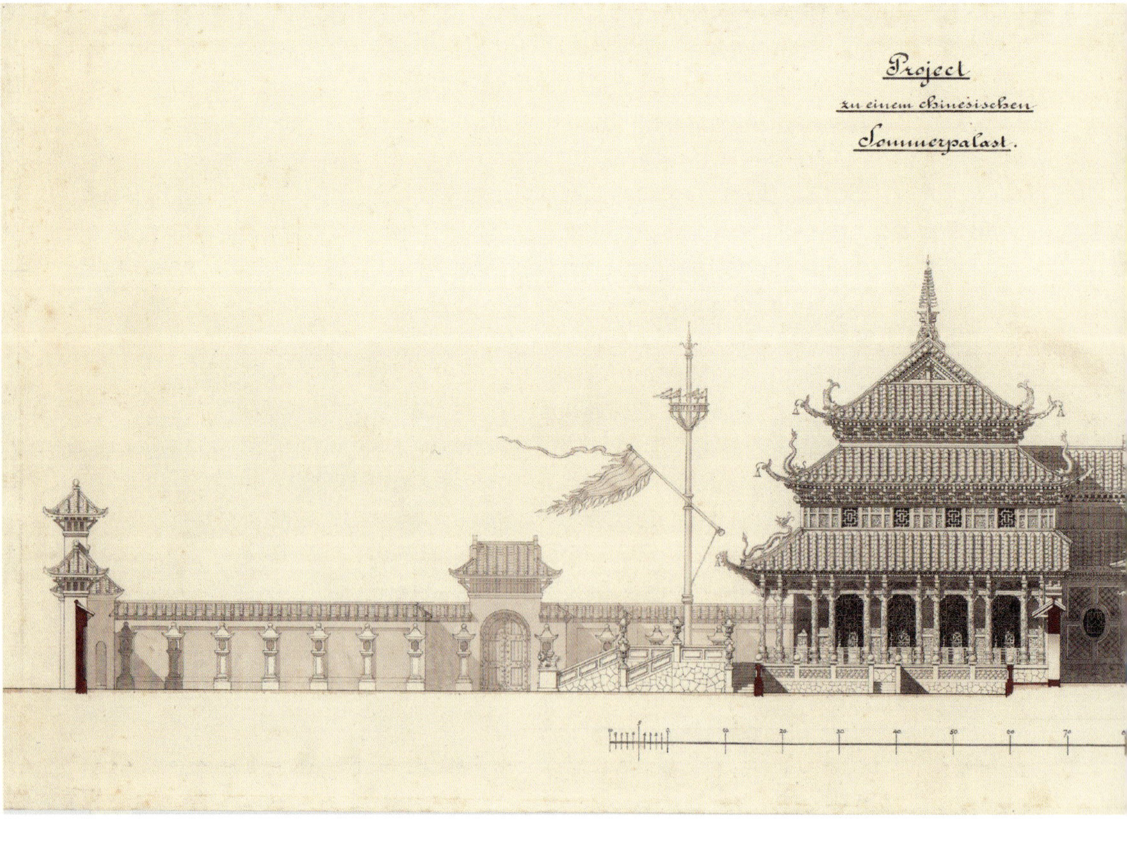

Der Chinesische Palast

Unterwerfungsriten am blaugrünen Bergsee?

Er *„sitze krampfhaft an der Arbeit"*, lässt Julius Hofmann im Februar 1886 dem König ausrichten. Das Projekt erfordere die *„vollste Inanspruchnahme meiner phisischen und geistigen Kräfte"*. Nichts anderes als einen völlig verzweifelten und überarbeiteten Architekten in seinem Münchner Büro muss man sich beim Schreiben dieser Zeilen vorstellen. Reichen der Neubau des Schlafzimmers im Schloss Linderhof, die Idee mit einem byzantinischen Schloss, die permanenten Änderungen am Hubertuspavillon, Baufragen zum Schloss Herrenchiemsee und zum Schloss Neuschwanstein sowie nicht zuletzt das „Mega-Projekt" Schloss Falkenstein bei Pfronten nicht längst aus, um mehr als gut beschäftigt zu sein?

Und nun auch noch das: Ludwig II. gibt seinem Hofarchitekten den Auftrag, ihm innerhalb von drei Wochen erste Pläne (mindestens einen Grundriss und eine Ansichtszeichnung sowie eine gesonderte Thronsaalansicht) für ein chinesisches Schloss zuzusenden. Hofmann macht sich sogleich an die Arbeit und muss sich beim ungeduldigen König (Falkenstein!) auch noch rechtfertigen, warum er andere Aufträge noch nicht erledigt hat: *„Seiner Majestät Allerhöchster Befehl, ein chinesisches Project auszuführen, nöthigte mich diese Arbeit bei Seite zu legen, und erforderte die vollste Inanspruchnahme ..."* Wie der König darauf reagierte, können wir nur erahnen. Doch ändern konnte auch Seine Majestät nichts daran, dass Julius Hofmann seine Pläne mit ausführlicher Baubeschreibung in zwei Teilen mit knapp drei Monaten Distanz ablieferte: Auf einen Grundriss und eine Ansicht für einen *„Sommerpalast"*, die der König am 1. Februar auf Schloss Hohenschwangau einsah, folgte im April das, worauf Ludwig wohl am meisten hinfieberte:

Zusammen mit dem Aufriss (Abbildung Seite 108) bekam Ludwig II. diesen Grundriss der Gesamtanlage (Federzeichnung, farbig angelegt) vorgelegt. *„An der Nordseite der Einfassungsmauer erhebt sich mit doppelter Bedachung die Eingangspforte (Ehrenpforte) bloß für den Allerhöchsten Herrscher bestimmt"*, beschrieb Julius Hofmann den Eingang, der unten im Plan zu sehen ist.

Bilder von einem Thronsaal mit detaillierten Erläuterungen.

Hatte Hofmann zum Grundriss und der Ansicht eine achtseitige Baubeschreibung beigefügt, musste der Thronsaal allein auf sechs Seiten erläutert werden: *„Von der Terrasse tritt man unmittelbar in den Thronsaal. Dieser Saal ist viereckig ... An den 3 Seiten sind 12 Fenster und die Eingangsthüre, welche bloß von schmalen Pfeilern getrennt sind. An der Rückwand, dem Eingang gegenüber, befindet sich eine Freitreppe mit 9 Stufen, wovon je drei einen Ruheplatz bilden ... Die Wände sind durch breite Friese in Felder eingetheilt. Diese Friese sind mit aus Holz geschnitzten, und vergoldeten Verzierungen, Thiergestalten und Vögeln verziert, der Grund aber mit rothen chinesischen Lackmalereien geschmückt. Die großen Felder selbst enthalten theilweise Bilder und Figuren, Thiergestalten, Blumen und Bäume, welche auf weißer Seide gestickt sind ... Nachdem der Allerhöchste Herrscher durch die Ehrenpforte eingezogen ... entfernt sich Alles durch die Seitenpforten zu den Stallungen und Nebengebäuden, und der eventuelle Dienst erfolgt bloß über die Brücke zum Dienstzimmer, so daß das Ganze vollständig abgeschlossen ist und kein Unberufener sich irgendwo zu befinden hat, und auch von keiner Seite Fenster in das Innere sehen können."* Abgeschlossenheit als Grundprinzip – wie beim byzantinischen Schlossprojekt, das erst kurz vorher Julius Hofmann aufgetragen wurde.

Es ist erstaunlich, wie schnell es dem Architekten Julius Hofmann gelang, sich in die Thematik, den Bau- und Gestaltungs-Stil sowie das Ansinnen des Bauherrn einzuarbeiten: Ein Zentralbau mit übereinandergesetzten Pagodendächern ist von Gärten und Pavillons umgeben, die alle von einer Mauer und Ecktürmen umschlossen sind. Der größte Raum des zentralen Baukörpers ist der Thronsaal (fünfzehn mal zwölf Meter groß). Ihm schließt sich ein kleines Appartement mit Schlaf- und Lesezimmer mit Nebenräumen an. Ein kleiner Grottenraum bildet den Übergang zu einem chinesischen Garten mit Teich, Wasserlauf und gekurvten Wegen. Dem gegenüber ist ein geometrischer Garten um einen achteckigen Pavillon gruppiert. Die Räume für die Diener, die Stallanlagen, die Küche usw. sind in einem

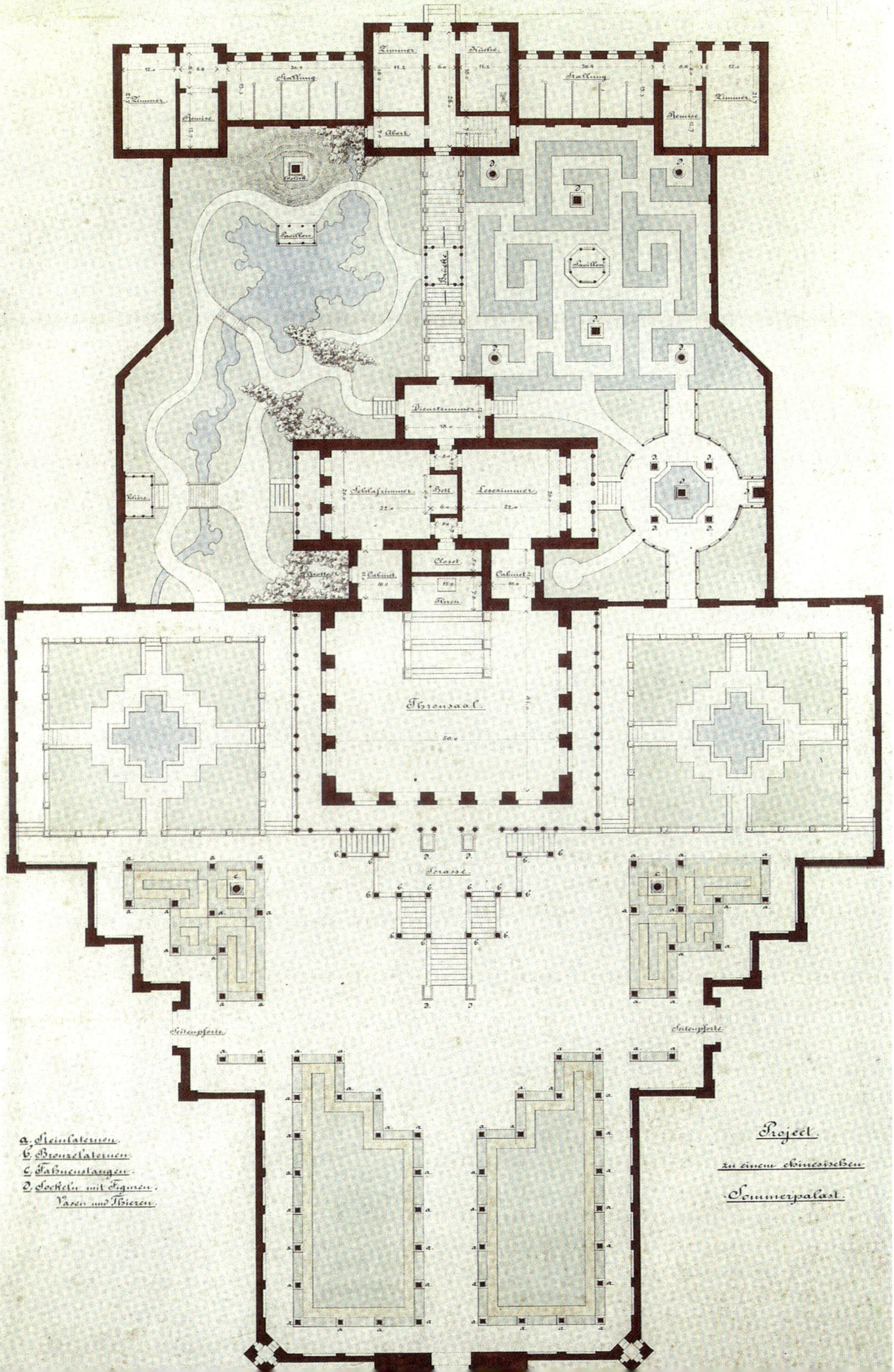
Zimmer
Küche
Stallung
Remise
Abort
Brücke
Pavillon
Dienstzimmer
Schlafzimmer
Bett
Lesezimmer
Closet
Cabinet
Grotte
Thron
Thronsaal
Terrasse
Seitenpforte
a. Steinlaternen.
b. Bronzelaternen.
c. Fahnenstangen.
d. Sockeln mit Figuren,
Vasen und Thieren.
Project
zu einem chinesischen
Sommerpalast.

in drei Pavillons gegliederten, langgestreckten Gebäude untergebracht.

Wie bei allen anderen Bauvorhaben und -ideen auch, gingen dem Befehl des Königs intensive Literaturstudien voraus. Immer wieder ließ er sich Bücher über die Geschichte und Kultur Chinas besorgen. Bereits 1869 war er im Zuge der Dekorationsentwürfe für das Schauspiel über die chinesische Kaisertochter „Turandot" an chinesischen Dekorationsformen interessiert. So war es nur eine Frage der Zeit, bis Ludwig größeres Interesse am Zeremoniell des chinesischen Kaiserhofes entwickelte und deren Orte näher unter die Lupe nahm.

Hofmann hatte für seine Entwürfe vor allem Beschreibungen und Ansichten des Sommerpalastes „Yuen-Ming-Yuen" des Kaisers K'ang Hsi (errichtet ab 1709) und des Winterpalastes („Tsu-Kin-Tsching") mit seinem Thronsaal („Tai-ho-Tian") in Peking heranzuziehen. Vor allem französische Bücher kamen in Frage. Mindestens eines stellte der König aus seiner Bibliothek dem Architekten zur Verfügung, wie wir einem Dankesschreiben von Hofmann entnehmen können.

Interessanterweise steht der Sommerpalast bei Peking für einen doppelten Kultur-Transfer: Einerseits beeinflussten Berichte und Bilder über diese großflächige (350 Hektar) und aus rund 140 Gebäuden bestehende Anlage die architektonische Chinoiserie-Mode in europäischen Landschaftsgärten des 18. Jahrhunderts. Andererseits hatte Kaiser Qiánlóng Schloss Versailles zum Vorbild genommen. Ab 1780 war eine Garten- und Palastanlage im Barockstil entstanden, in der auch Fontänen und ein Irrgarten zum höfischen Vergnügen beitrugen. Zwar gab es Fotografien dieser auch in Europa berühmten Anlage, doch direkt vor Ort fanden Reisende ab 1860 nur noch Ruinen vor: Englische Truppen hatten die Gebäude als Vergeltungsmaßnahme im Zweiten Opiumkrieg zerstört und niedergebrannt.

Wo nun allerdings dieser „Sommerpalast" hätte gebaut werden sollen, ist unklar. Die Unterlagen geben nur die unbestimmte Angabe „im Ammerwald" her. Bereits früh wurde spekuliert, dass nur eine Ebene am Nordostende des Plansees dafür in Frage hätte kommen können. Spätestens als Louise von Kobell in ihrem populären Buch „König Ludwig II. von Bayern und die Kunst" folgende Worte für das chinesische und letzte bekannte Bauprojekt fand, war der Standort in der Literatur gesetzt: *„Am grünen, in herrlicher Einöde gelegenen Plansee sollte ein chinesisches Schloß erbaut werden. Das chinesische Zeremonienbuch, das Ludwig II. eingehend studierte, erfüllte seine Dienerschaft mit Schrecken. Sie befürchtete eine allenfallsige Einführung der Ehrfurchtsbezeugungen im chinesischen Stile."*

Damit sind wir bei einer weiteren „Geschichte", die sogar im „Aerztlichen Gutachten über den Geisteszustand Seiner Majestät des Königs Ludwig II. von Bayern" vom 8. Juni 1886 aufgegriffen wurde, mit dem man die Absetzung

Das Interesse Ludwigs an asiatischen Objekten war zunächst nicht bemerkenswert groß. Eine der ersten Bestellungen war 1873 – aus dieser Zeit stammt das Porträtfoto – drei Sake-Flaschen mit Chinoiserieszenen aus Nymphenburger Porzellan. 1875 orderte er zwei Cloisonné-Vasen, die heute direkt am Treppenaufgang zum Obergeschoss von Schloss Linderhof stehen.

Ludwigs begründete: *„Ist Jemand vom Dienstpersonal (die Chevaulegers eingeschlossen) ‚in Strafe', so muß er auch wohl niederknien, oder der Länge nach auf den Bauch sich legen. Letzteres sei eingeführt worden seit dem vorigen Jahre, nachdem Seine Majestät das Ceremoniell am chinesischen Hofe gelesen habe."*

Wie bereits erwähnt, steht bei Ludwig hinter nahezu jedem Baugedanken die Frage des Herrschertums und dessen (symbolischer wie zeremonieller) Darstellung und Umsetzung. Doch obwohl der bayerische König von 1867 an die Zeremonienordnung der französischen Könige eingehend studiert hatte und diese sogar in den Schlössern Linderhof und Herrenchiemsee zahlreich in Bildern vergegenwärtigte, hat er sie für sich selbst nie umgesetzt. Ähnliches ist für das Schlossprojekt im chinesischen Stil anzunehmen. Vielmehr dürfte man sich vorstellen, dass die Diener – wie in der Hundinghütte und im orientalischen Saal des Schachenhauses – als Statisten in entsprechender Kostümierung hätten agieren sollen.

Gewiss ist jedoch nur: Wie das Schlossprojekt letztlich vollendet ausgesehen hätte (und sich dem Besucher eventuell auch im 21. Jahrhundert darböte), ist bei den bekannten und zahlreichen Änderungswünschen des Königs vollkommen unbekannt. Für den königlichen „Themenpark" Linderhof liegt die Bedeutung des chinesischen Sommerpalastes in der Erweiterung um den für den Landschaftsgarten wichtigen Aspekt des Fernöstlichen.

Fernstein in Tirol war für Ludwig II. von Linderhof aus ein fester Ausflugsort. Der König, der stets um Krankheiten fürchtete, holte vor jedem Besuch Erkundigungen ein, ob das Wirtsehepaar Engelbert und Anna Sprenger gesund sei. Vor allem die Winter-Ausflüge, die Ludwig im prachtvollen Schlitten unternahm, hat die Bevölkerung im Gedächtnis behalten.

Der Fernstein und die Berghütten

Und weiter geht es ...

Es ist wie im Märchen: In der mondfahlen Nacht gleitet ein prächtiger Schlitten, gezogen von vier Schimmeln, durch die verschneite Berglandschaft. Darin sitzt ein Mann mittleren Alters, gekleidet wie ein normaler Stadtbewohner mit dunklem Mantel und Hut. Ein Bart verdeckt Teile des Gesichts, der Gesichtsausdruck ist eher ernst. Die Miene erhellt sich, als der Schlitten vor dem Eingang eines unscheinbaren Gasthauses mitten im Gebirge anhält. Das Haus ist von mehreren Fackeln beleuchtet. Ein Mann und eine Frau begrüßen mit einer tiefen Verbeugung den Gast, der dem goldfarbenen Schlitten entsteigt. Mit einem freundlichen Gruß und ein paar wenigen Worten an das Ehepaar wendet sich der große und massive Mann dem Haus zu und geht in das erste Stockwerk.

So oder so ähnlich kann es sich zugetragen haben, als König Ludwig II. von Bayern das Wirtshaus am Fernstein bei Nassereith in Tirol besuchte.

Bereits früh hatte Ludwig ganz selbstverständlich Tirol als erweitertes Gebiet für Ausflüge zu Fuß, in der Kutsche oder zu Pferd kennengelernt. Zunächst als Kind und Jugendlicher von (Schloss) Hohenschwangau aus, später als schnellste Verbindung zwischen dem Schloss seines Vaters und dem eigenen Schloss mit seinen Nebengebäuden im Graswangtal. In zahlreichen Tiroler Gasthäusern konnte sich der König ausruhen und eine Mahlzeit einnehmen. Wie seine Mutter Marie, so unterstützte auch Ludwig hin und wieder einzelne Personen und Gemeinden in Tirol mit einer Geldspende.

Dass Tirol nicht nur als grenznaher Raum und als Durchfahrtsregion verstanden wurde, zeigt das Interesse des Königs am Fernstein an der Fernpassstraße. Immer wieder nahm er den stundenlangen Ritt oder die Fahrt an diesen idyllischen Ort auf sich – und kehrte im dortigen Wirtshaus ein. Als sich die Aufenthalte häuften, wurde dort zu Jahresbeginn 1872 ein Zimmer eigens für den König auf Dauer reserviert und sehr bald möbliert. Im November desselben Jahres folgte ein ordentlicher Mietvertrag (für zunächst fünf Jahre). Den Passus *„Vermieter gestattet, Veränderungen an den Wänden und an dem Plafond vorzunehmen"* nutzte die Hofbauintendanz sehr bald auf Wunsch des Königs aus: Nicht nur wurde kurz darauf ein weiteres, direkt mit einer Tür verbundenes Zimmer hinzugemietet, sondern auch herrschaftlich im Stil des Rokoko eingerichtet. Der Theatermaler Christian Jank erhielt den Auftrag, die Decken der nun in *„rotes"* und *„blaues Zimmer"* unterschiedenen Räume zu bemalen. Das rote Zimmer wies eine Gruppe von Genien aus. Die kleinen geflügelten Wesen zeigten sich sehr spielerisch und bewegt zwischen Blumengirlanden und

Wolken; manche hielten einen Fisch, erlegtes Wild und ein Weinglas in ihren Händen. Am Rand der Decke rahmte ein reiches und gespiegeltes Ornament mit Königsinsignien das bei Ludwig ungewohnt unbeschwerte Bild ein.

Unter dem Deckenbild standen reich geschnitzte Möbel in Weiß und Gold mit rotem Bezug, der Ofen wurde 1873 *„ähnlich der Öfen im reichen Zimmer* [der Münchner Residenz]" ausgeführt. Das benachbarte Zimmer mit blauseiden überzogenen Möbeln war nicht weniger beeindruckend ausgestattet. Den erhaltenen Akten zufolge mussten die Möbelbezüge regelmäßig erneuert werden. Daran können wir eine häufige Benutzung durch den König und ebenso die besonderen klimatischen Verhältnisse am Fernpass ablesen. Die Vermieter, das Ehepaar Engelbert und Anna Sprenger, hatten sich immerhin vertraglich verpflichtet „... [Einrichtungsgegenstände] *durch regelmäßige Lüftung und Reinigung in gutem Zustand zu erhalten"*.

Besonders zahlreich sind zwar Erzählungen, in denen von den Schlittenfahrten Ludwigs II. zum Fernstein berichtet wird. Doch dürfen wir davon ausgehen, dass das Wirtshaus Fernstein auch im Sommer hin und wieder von Ludwig besucht wurde. Zumindest hatte er mit dem Fernsteinsee und der darin gelegenen Insel mit den Ruinen der Sigmundburg aus dem späten 15. Jahrhundert einen Ort ganz in seinem Sinne: historisch, zum Rudern, Lesen und Sinnieren.

Auch der Presse blieb einer der beliebtesten Ausflugsorte Ludwigs nicht verborgen. Unter dem Titel *„Ludwigs II. von Baiern Winteraufenthalt in den Bergen"* wusste „Daheim – ein deutsches Familienblatt" 1881 zu berichten: *„Und ... hüllt der Mond Berg und Thal in zauberhaftes*

Überall, wo Ludwig II. wohnte, gab es entweder Grafiken oder Fotografien von Werken aus dem Themenstoff der Opern Richard Wagners oder/und Porträts von Herrschern aus dem Hause Bourbon. Für Fernstein gilt, dass die Zimmer *„im Linderhofer Stil"* mit Bildern von König Ludwig XIV. und Königin Marie Antoinette ausgestattet waren.

Zwielicht, dann geschieht es wohl auch, daß der König, allein in seinem goldenen Schlitten sitzend, seine Fahrt nach dem herrlichen Fernpaß in Tirol ausdehnt ... Dann wirtschaften seine Leibköche eifrig in der schwarzgeräucherten Küche des schlichten Wirtshauses in Fernstein, dessen Eigentümer sich mit seinen Angehörigen in eine Kammer zurückzieht. Denn die Kunde, daß es der König nicht liebt, bei solchen Gelegenheiten von Unberufenen gesehen zu werden ist auch über die nahe Grenze gedrungen; und ungesehen wie er gekommen verläßt er nach ein paar Stunden wieder das Haus nach reichlicher Mahlzeit, die kein Gespräch erheitert." Was davon wahr und was fantasiert ist, können wir nicht mit Sicherheit sagen. Hinsichtlich der weithin kolportierten Menschenscheu Ludwigs II. finden sich sowohl Hinweise, die diese bestätigen, aber ebenso viele Berichte, die dies äußerst relativ sehen. Auch hier gilt: Die Wahrheit liegt irgendwo dazwischen. Wir sollten für eine Bewertung auf jeden Fall die jeweils gesundheitlichen, zeitlichen und räumlichen Faktoren berücksichtigen – und wem gegenüber der König auf Abstand ging bzw. gehen wollte.

Der anonyme Autor von „Daheim" zumindest weiß noch mehr: *„So gleitet der strahlende Zug pfeilgeschwind zwischen himmelanstrebenden Bergen dahin, durcheilt schlafende Dörfer und fliegt an schwarzen Wäldern vorüber als gälte es das Glück zu erjagen. Aber der Einsame im goldenen Schlitten kehrt in seine Prunkgemächer mit derselben tiefernsten Miene zurück, mit der er sie verlassen: sein Auge blickt düster und um die Lippen zuckt ein schmerzlicher Zug."*

Eine Fahrt zum Fernstein musste gut vorbereitet sein. Beispielsweise fragte Richard Hornig am 27. Dezember 1884 beim König schriftlich

Darstellungen, die Ludwig II. im Schlitten in der Winterlandschaft zeigen, waren von 1886 an überaus beliebt, nicht nur auf Ansichtskarten wie dieser. Selbst die Fernsehserie „Kir Royal" von Helmut Dietl (1986) nahm das Motiv auf: In der letzten Folge fährt einer der reichsten Männer Deutschlands als König Ludwig verkleidet in einem beleuchteten Pferdeschlitten durch das verschneite Oberbayern.

an, *„ob der Schimmelzug für die morgige Fernsteinpartie verwendet werden soll"*, und kann kurz darauf dem König auch eine beruhigende Auskunft geben: *„Der Reitknecht ..., welcher heute Vormittags zum Untersuchen des Weges nach Fernstein geschickt wurde, und Erkundigungen wegen der dortigen Gesundheitsverhältnisse einzuziehen hatte, theilte soeben telegraphisch mit, daß sowohl der Schlittenweg als auch das Befinden der Familie Sprenger etc. ausgezeichnet seien."*

Wie das Absteigequartier am Fernstein zeigt, endet Ludwigs „Aktionsradius" – und damit auch der „königliche Themenpark" – keinesfalls an den hier im Buch beschriebenen Gebäuden im näheren Umfeld von Schloss Linderhof. Unbedingt müssen auch die zahlreichen Berghütten erwähnt werden, von denen Ludwig die überwiegende Zahl nach dem Tod seines Vaters Maximilian II. übernommen hatte. Nun aber nicht mehr als Orte des Jagdvergnügens, sondern um fern der Welt *„freie Luft zum Atmen"*

Von den späten 1870er-Jahren an war Ludwig II. vornehmlich nachts unterwegs. Der bestehende Fuhrpark wurde um weitere Kutschen und Schlitten erweitert. Diese prunkvollen Gefährte nutzte der König ausschließlich im Voralpenland und im Gebirge, im weiten Umfeld seiner Schlösser Linderhof und Neuschwanstein. Den *„neuen Prachtschlitten im Style Louis XV"* ließ Ludwig im Winter 1878/79 bei Schloss Linderhof fotografieren.

zu finden (Ludwig II. an Richard Wagner).

Auch in den einfach ausgestatteten Hütten (darunter Brunnenkopf, Pürschling, Kenzen und Halbammer) bearbeitete Ludwig gewissenhaft die täglich eingehenden dienstlichen Angelegenheiten. Oder er schrieb, wie 1871, an Wagner: *„… auf der Höhe des Brunnenkopfs, nicht sehr entfernt von Ettal, … Hier ziert … ein photographisches Abbild (die Sage von Tristan und Isolde …) die lieblich traute Hütte."*

Im Oktober 1894 beschreibt Louise von Bayern (1869–1952), Tochter von Ludwigs Ex-Braut Sophie Herzogin in Bayern, ihren *„Aufenthalt im Gasthaus zum Fernstein, um die beiden Zimmer zu besichtigen, die König Ludwig II. von Bayern bewohnte …"*: *„Zimmer, die er komplett im Linderhofer Stile hat einrichten lassen, und die das Hotel der Krone abgekauft hat nach seinem Tod."* Ob die Prinzessin Eintritt zahlen musste? Gasthausbesitzer Engelbert Sprenger hatte nach dem Tod des Königs die Einrichtung erworben und diese laut „K. K. Bezirks-Gendarmerie-Commando in Imst" *„zur Schau* [ge]*stellt"*. Die Gendarmerie nahm Anstoß an der hohen Besichtigungsgebühr. Nach einer langen Diskussion wurde sie genehmigt. 1909 kommt *„die Saloneinrichtung, die König Ludwig II. von Bayern zu seinem persönlichen Gebrauche in dem Gasthofe Fernstein (Tirol) einrichten ließe"* in Köln unter den Hammer. Sie ist seitdem verschollen.

Im Nachlass des Königs fanden sich Ansichten und Entwürfe, die keinem bestimmten Projekt oder Künstler zuzuordnen sind. Dieses Aquarell im Eigentum des Wittelsbacher Ausgleichsfonds steht stellvertretend für die zahlreichen Ideen und Interessen Ludwigs II. im Bereich der Architektur. Von anonymer Hand gemalt, zeigt es einen indischen(?) Palast mit großer Treppenanlage und einer zentralen Kuppel. Es kann zwischen 1864 und 1886 entstanden sein.

Nachwort

Und zum Schluss: Indien

Ob Pergola oder Gartenzwerg: Wie man seinen Garten gestaltet und einrichtet, spiegelt die Haltung und die Persönlichkeit des Nutzers. So verhält es sich auch mit König Ludwig II. von Bayern und Linderhof (Schloss Linderhof, Graswangtal und Ammerwald) – mit dem überragenden Unterschied zu Pergolen und Gartenzwergen, dass im Süden Bayerns einige der bedeutendsten Bauten des Historismus in einer Art „individuellem Themenpark" verdichtet sind.

Zwischen 1869 und 1886 verwandelte Ludwig für sich allein eine Landschaft zu einer Bühne seines Lebens, die er mit unterschiedlichen „Bildern" bestückte. Deren räumlicher Abstand voneinander ermöglichte ihm, selbstbestimmt und aktiv Szenenwechsel herbeizuführen. Durch die damit verbundene zeitliche Distanz wurde Ludwig aufnahmefähig für das Erleben eines folgenden, anders gestalteten Raumes. In vielen Fällen war mit dem Wechsel eine neue Herrschafts-Inszenierung verbunden. Zugleich sind alle Bauten Ludwigs II. von Bayern – unabhängig von ihrer jeweiligen „Funktion" in der Gedankenwelt des Erbauers – Stimmungsträger.

Ludwig II. war Regisseur, Schauspieler und Zuschauer in einer Person, ohne Einschränkung durch Politik, Verfassung oder andere Personen (zumindest spielte er sich das wider besseren Wissens permanent vor). Da der König manche Ortswechsel zu festgelegten Zeiten bzw. in bestimmten Zeiträumen vollzog, können die Linderhofer Bauten als Koordinaten und die Landschaft zwischen Ettal und dem Plansee (und darüber hinaus) als Koordinatensystem des Lebens Ludwigs II. gelten, wenn nicht sogar als Überlebensstrategie in einer Welt, mit der er weder als Mensch noch als König zurechtkam. Richard Wagner gegenüber bezeichnete der König 1872 seine Lebenswelt als *„meine idealmonarchisch-poetische Höhe und Einsamkeit"*.

Die Fallhöhe erweiterte Ludwig II. von Jahr zu Jahr: Hatte er sich bereits früh neben dem Kaschmirtal für Indien, den Hinduismus und die Mogul-Architektur interessiert, brachen in den letzten Jahren immer häufiger indische Stilelemente in Entwürfen durch. Einige als „indisch" bezeichnete Entwürfe und Pläne, teils von anonymer Hand, sind keinem bestimmten der hier im Buch behandelten Architekturen zuzuordnen. Sie verweisen vielmehr auf die breit angelegten Interessen des Königs und die Vielfalt seiner architektonischen Gedankenspiele.

„Vom 1. August 1886 an sind die königl. Schlösser ... für den allgemeinen Besuch bis auf Weiteres ... geöffnet ..." – mit dem raschen Öffnen der Schlösser Ludwigs II. für Besucher nahmen die Geschichten und Geschichtchen um den Bauherren und seine Schöpfungen stetig zu. Was Wahrheit und was Erfindung ist, lässt sich heute in vielen Fällen kaum mehr verifizieren, zumal wenn frühe Gerüchte mittlerweile zu „zeitgenössischen Quellen" geworden sind.

Der Autor hat versucht, die Wirklichkeit hinter dem Nebulösen zu entdecken. Ob dies stets gelang, wird sich hoffentlich erweisen.

Information

Alle Informationen über Öffnungszeiten, Eintrittspreise und Veranstaltungen finden sich unter **www.linderhof.de**

Wegen der **Sanierungsarbeiten der Venusgrotte** ist diese nicht vor 2022 zu besichtigen. Daher hat die Schlossverwaltung Linderhof direkt neben der Kasse einen **Informationsraum** eingerichtet. Dieser gibt Einblicke in die aufwändigen Arbeiten und bietet einen Film, um die künstliche Tropfsteingrotte visuell zu erkunden (zugänglich während der Sommersaison täglich von 9 bis 18 Uhr, kostenlos).

Seit 2008 findet alljährlich zum Geburtstag Ludwigs II. am 25. August die **„König-Ludwig-Nacht“** in Linderhof statt. Feste Programmpunkte sind ein Konzert am Schloss, die Illumination der Parkanlage und mehrere Themenführungen.

Die sehenswerte **Ausstellung „Vom Lynder-Hof zum Schloss“** im Königshäuschen klärt sowohl über die Vergangenheit der Hofstelle als auch über die Bauplanungen des Königs und die Nutzung des Areals nach dem Tod Ludwigs II. auf.

Gelegentlich werden in der **barocken Kapelle** neben dem Schloss **Gottesdienste** gefeiert. Die besten Chancen bestehen am Ostermontag, am Sonntag nach dem Patronatstag der Heiligen Anna (26. Juli) und am 2. Weihnachtsfeiertag. Informationen gibt es beim Pfarramt Mariä Himmelfahrt, Ettal (Tel. 0 88 22 74 62 05).

Lageplan

1 Linderhof (Schloss, Linde, Kapelle)
2 Theater, geplanter Standort
3 Maurischer Kiosk
4 Venusgrotte
5a Hundinghütte, ursprünglicher Standort
5b Hundinghütte, Standort der Rekonstruktion

6a Einsiedelei, ursprünglicher Standort
6b Einsiedelei, Standort der Rekonstruktion
7 Kubba mit Hof, geplanter Standort
8 Marokkanisches Haus, ursprünglicher Standort
9 Marokkanisches Haus, Standort des Wiederaufbaus
10 Byzantinischer Palast 1869, möglicher angedachter Standort
11 Byzantinischer Palast 1885, drei angedachte Standorte
12 Hubertuspavillon (1887 abgerissen)
13 Chinesischer Palast, spekulierter geplanter Standort

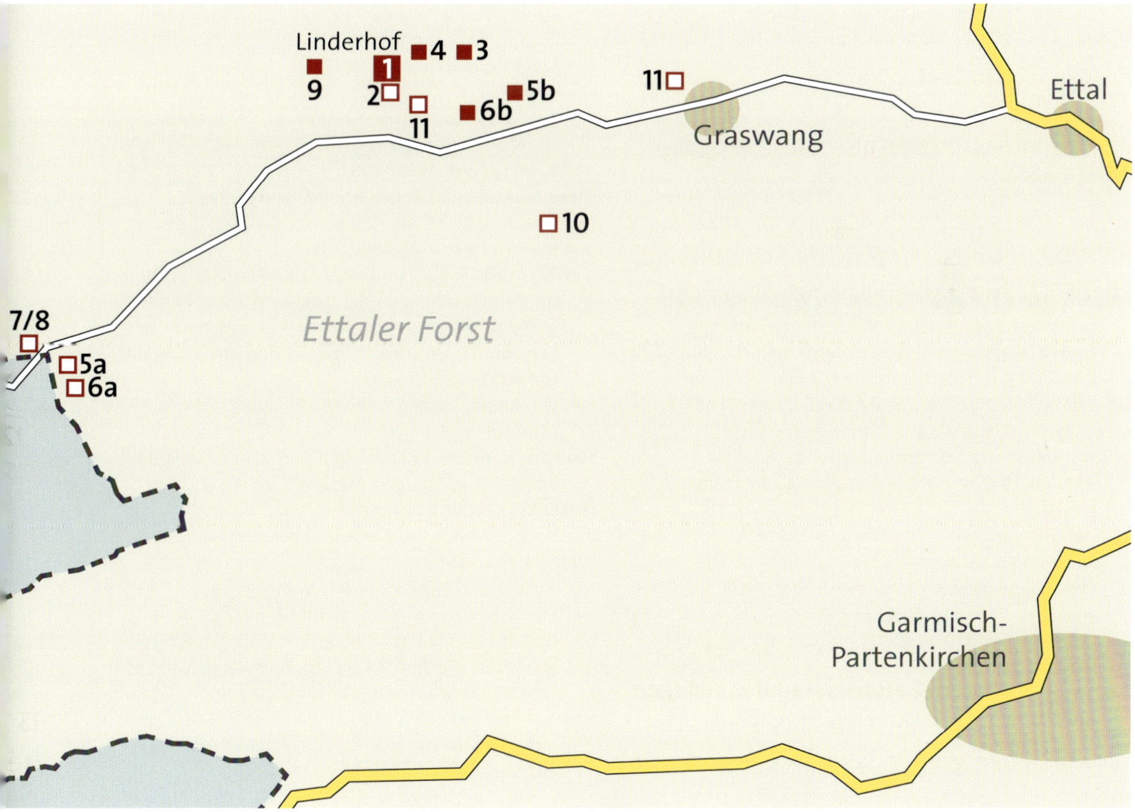

Bildnachweis und Literatur

Bildnachweis

Architekturmuseum der TU Berlin: 32
Bayerische Verwaltung der staatlichen Schlösser, Gärten und Seen: Titel oben und unten, 24, 37, 45, 54, 78, 80, 81, 86, 90, 97, 98 unten, 103, 104, 108 und 111
Collection de la Société des Amis du Vieux Reims / Musée Le Vergeur: 12, 13 und 14
Dr. Richard Lipp, Reutte: 107
Andreas Oertel, Markt Indersdorf: 98 oben
Sammlung Marcus Spangenberg, Regensburg: Titel Mitte, 4, 6, 8, 9, 10, 17, 18, 21, 23, 26, 28, 31, 33, 34, 38, 56, 59, 60, 62, 65, 66, 67, 68, 70, 74, 77, 89, 94, 106, 113, 114, 116, 117, 118, 119 und Innenseiten Umschlag sowie vordere Umschlagklappe außen
Stiftung Fürst-Pückler-Museum Park und Schloss Branitz: 20
Tiroler Landesarchiv Innsbruck (Verfachbuch Reutte 1886): 100
Wittelsbacher Ausgleichsfonds, München: 7, 22, 40, 42, 46, 48, 50, 53, 72, 82, 85 und 120

Literatur

Antonin, Daniela: Das weiße Gold der Wittelsbacher. Zum Sammlungsbesitz des Meißener Porzellans der bayerischen Kurfürsten im 18. Jahrhundert (Inaugural-Dissertation zur Erlangung der Doktorwürde der Philosophischen Fakultät der Rheinischen Friedrich-Wilhelms-Universität zu Bonn), Bonn 2007.

Bachmayer Monika, Schloss Linderhof. Architektur, Interieur und Ambiente einer „Königlichen Villa“, München 1977.

Baumann, Bringfriede: Der Münchner Maler Wilhelm Marc (1839–1907). Monographie mit Werkverzeichnis (Miscellanea Bavaria Monacensia, Band 139), München 1986.

Baumgartner, Georg: Königliche Träume. Ludwig II. und seine Bauten, München 1981.

Bayerische Verwaltung der staatlichen Schlösser, Gärten und Seen (Hrsg.): Das Marokkanische Haus im Schloßpark Linderhof. Dokumentation zur Wiedererrichtung und Restaurierung, München 1998.

Berger, Julia: Grotten-Interieurs der Gastronomie. Raumgestaltung mit einem Natur- und Gartenmotiv. In: Archiv für Kulturgeschichte (96/2), Köln 2014, S. 369–404.

Botzenhart, Christof: „Ein Schattenkönig ohne Macht will ich nicht sein“. Die Regierungstätigkeit König Ludwigs II. von Bayern (Schriftenreihe zur bayerischen Landesgeschichte, hrsg. von der Kommission für bayerische Landesgeschichte bei der Bayerischen Akademie der Wissenschaften Band 142), München 2004.

Dietl, Helmut: Kir Royal. Aus dem Leben eines Klatschreporters, München und Hamburg 1986.

Evers, Hans Gerhard: Ludwig II. von Bayern. Theaterfürst - König - Bauherr. Gedanken zum Selbstverständnis, hrsg. von J. A. Schmoll gen. Eisenwerth, bearbeitet von Klaus Eggert, München 1986.

Fehle, Isabella: Der Maurische Kiosk in Linderhof von Karl von Diebitsch. Ein Beispiel für die Orientmode im 19. Jahrhundert (Miscellanea Bavarica Monacensia, Band 130), München 1987.

Giese, Francine und Braga, Ariane Varela (Hrsg.): A Fashionable Style. Carl von Diebitsch und das maurische Revival, Bern 2017.

Goertz, Beate: Schloß Linderhof. Die Innenraumgestaltung der beiden Schlafzimmer (Diplomarbeit zur Erlangung des Magistergrades der Geisteswissenschaftlichen Fakultät der Universität Wien), Wien 1996 (unveröffentlichtes Manuskript).

Haasen, Gisela: Ludwig II. Briefe an seine Erzieherin, München 1995.

Hausner, Hermann M.: Ludwig II. von Bayern. Berichte der letzten Augenzeugen, München [2]1962.

Hierneis, Theodor: Aus meiner Lehrzeit in der Hofküche König Ludwig II. von Bayern, München 1940.

Hierneis, Theodor: Der König speist. Erinnerungen aus der Hofküche König Ludwigs II., München 1953.

Hoffmann, Tobias: Schloß Linderhof. Eine Maison de Plaisance? Eine bautypologische Untersuchung (Schriften aus dem Institut für Kunstgeschichte der Universität München 72), München 1999.

Keller, Wilhelm: Keller's München und seine Ausflüge nebst Führer durch die Lieblings-Schlösser König Ludwigs II. von Bayern, München 1888.

Kobell, Louise von: König Ludwig II. von Bayern und die Kunst, München 1900.

König Ludwig II. von Bayern. Krankheit, Krise und Entmachtung – Quellentexte, ausgewählt und erläutert von Rupert Hacker. In: Zeitschrift für bayerische Landesgeschichte (74/2), München 2011, S. 481–725.

Krauss, Marita: Die königlich bayerischen Hoflieferanten, München 2009.

Kreisel, Heinrich: Die Schlösser Ludwigs II. von Bayern, Darmstadt 1954.

Krull, Wilhelm und Wolschke-Bulmahn, Joachim (Hrsg.): Unser Herrenhausen 2030 – Geschichte und Perspektiven. Herrenhausen-Matinee 2015 (Herrenhäuser Schriften 4), München 2016.

Kurda, Rolf: Garten- und Bau-Plastik unter König Ludwig II.: Linderhof und Herrenchiemsee, o. O. 2011.

Linde, Fritz: Ich, der König. Der Untergang Ludwigs des Zweiten, Leipzig 1928.

Linnenkamp, Rolf: Die Schlösser und Projekte Ludwigs II., München [2]1986.

Lipp, Richard: König Ludwig II. von Bayern im Außerfern. Bauten und Bauprojekte in den Gemeinden Reutte und Breitenwang. In: Extra Verren, Jahrbuch des Museumsvereins des Bezirkes Reutte, 12. Jahrgang (2017), 2018, S. 135–156.

Mennell, Arthur: Die Königsphantasien. Eine Wanderung zu den Schlössern König Ludwigs II. von Bayern, Leipzig 1888.

Nöhbauer, Hans F.: Auf den Spuren König Ludwigs II. Ein Führer zu Schlössern und Museen, Lebens- und Erinnerungsstätten des Märchenkönigs, München [2]1995.

Ottomeyer, Hans, Völkel, Michaela, Deutsches Historisches Museum (Hrsg.): Die öffentliche Tafel. Tafelzeremoniell in Europa 1300–1900 (Ausstellungskatalog Deutsches Historisches Museum 29.11.2002 – 11.03.2003), Wolfratshausen 2002.

Paczkowski, Jörg: Anmerkungen zu Leben und Werk von Heinrich Breling. In: Heinrich Breling 1849–1914 (Ausstellungskatalog Otto-Modersohn-Museum Fischerhude 07.09.–30.11.2014, hrsg. von Gesellschaft Otto-Modersohn-Museum e.V. und Kunstverein Fischerhude e.V.), Fischerhude 2014, S. 122–127.

Petzet, Michael und Detta: Die Hundinghütte König Ludwigs II. - Das Bühnenbild zu Richard Wagners „Walküre" und die Rekonstruktion der Hundinghütte im Schloßpark von Linderhof (Arbeitshefte des Bayerischen Landesamtes für Denkmalpflege 51), München 1990.

Petzet, Michael und Bunz, Achim: Gebaute Träume. Die Schlösser Ludwigs II. von Bayern, München 1995.

Praxmarer, Mario und Adam, Peter: König Ludwig II. in der Bergeinsamkeit von Bayern und Tirol. Bergresidenzen – Schlösser – Begegnungen – Krise – Mysteriöser Tod, Garmisch-Partenkirchen 2002.

Schulze, Dietmar: Ludwig II. und Richard Wagner. Der Nibelungengang in der Münchner Residenz. Bau, Ausmalung und Untergang, Drebkau 2013.

Spangenberg, Marcus: Der Thronsaal von Schloss Neuschwanstein. Ludwig II. und sein Verständnis vom Gottesgnadentum, Regensburg 1999.

Spangenberg, Marcus/Wiedenmann, Sacha (Hrsg.): 1886. Bayern und die Schlösser König Ludwigs II. aus der Sicht von Hugues Krafft/ 1886. Louis II, ses Châteaux et la Bavière selon Hugues Krafft., Regensburg 2011.

Steinberger, Hans: Schloss Linderhof und Königshaus auf dem Schachen, Prien o. J. [ca. 1903].

Stephan, Manfred: Die historische Entwicklung der Park- und Gartenanlage von Schloß Linderhof. Rosengarten – Königshausgarten – Villengarten. In: Die Gartenkunst 4 (1/1992), S. 13–34.

Strobel, Otto (Hrsg.): König Ludwig II. und Richard Wagner. Briefwechsel in 5 Bänden, Karlsruhe 1936–1939.

Voit, Vanessa: Vom Lynder-Hof zum Schloss, München 2012.

Wiesneth, Alexander: „Reisen" in vergangene Zeiten und zu fernen Orten – Die Königsschlösser Ludwigs II. auf dem Weg zum UNESCO-Welterbe. In: Lubbers, Bernhard, Spangenberg, Marcus (Hrsg.): Traumschlösser? Die Bauten Ludwigs II. als Tourismus- und Werbeobjekte, Regensburg 2015, S. 35–75.

Wöbking, Wilhelm: Der Tod König Ludwigs II. von Bayern. Eine Dokumentation, Rosenheim 1986.

Wolf, Peter, Loibl, Richard, Brockhoff, Evamaria (Hrsg.): Götterdämmerung. König Ludwig II. und seine Zeit (Ausstellungskatalog Bayerische Landesausstellung in Schloss Herrenchiemsee 14.05.–16.10.2011), Augsburg 2011.

Zeittafel

1842 20. Juni: Kronprinz Maximilian von Bayern übernachtet erstmals am Linder-Hof.

1845 25. August: Ludwig II. wird geboren; Eltern sind Kronprinz Maximilian und seine Frau Marie.

1861 2. Februar: Kronprinz Ludwig besucht mit „Lohengrin" erstmals eine Wagner-Oper.

1864 10. März: Tod Maximilians II. Joseph; sein ältester Sohn Ludwig wird als Ludwig II. König.
4. Mai: Erste Begegnung mit Richard Wagner.

1865 27. August: Richard Wagner beendet den Prosaentwurf seiner geplanten Oper „Parsifal".
10. Dezember: Wagner geht ins Exil in die Schweiz (Tribschen bei Luzern).

1866 3. Juli: Sieg der Preußen über die Österreicher.
18. August: Unter Preußens Führung wird der Norddeutsche Bund gegründet.

1867 22. Januar: Verlobung Ludwigs mit Herzogin Sophie, Tochter des Herzogs Max in Bayern und seiner Frau Ludovika, Halbschwester Ludwigs I.
31. Mai bis 2. Juni: Ludwig besichtigt die Wartburg.
22. bis 29. Juli: Ludwig besucht die Weltausstellung in Paris und besichtigt den „Maurischen Kiosk".
10. Oktober: Verlobung mit Sophie wird durch Ludwig aufgehoben.

1868 29. Februar: Tod Ludwigs I. in Nizza.
21. Juni: Uraufführung der „Meistersinger von Nürnberg" von Richard Wagner.
28. November: Ludwig befiehlt den Bau eines „kleinen Pavillons" beim Linder-Hof.
Erste Pläne für Schloss Neuschwanstein.

1869 Erste Bauaktivitäten am Königshäuschen im Graswangtal (Schloss Linderhof).
August: Baubeginn des Königshauses auf dem Schachen.
April: Erste Entwürfe für eine byzantinische Palastanlage.
Sommer: Die Wohnung Ludwigs in der Münchner Residenz ist in ihrer Neugestaltung fertiggestellt.
5. September: Grundsteinlegung für das Schloss Neuschwanstein.
22. September: Uraufführung der Oper „Rheingold" gegen den Willen Richard Wagners in München.

1870 26. Juni: Uraufführung der Oper „Walküre" – wieder gegen den Willen Wagners – in München.
1. September: Schlacht bei Sedan. Die Franzosen werden unter Beteiligung der bayerischen Armee geschlagen. Gefangennahme Napoleons III.
30. November: Ludwig schreibt den „Kaiserbrief", mit dem er König Wilhelm I. von Preußen im Namen aller deutschen Fürsten die Kaiserkrone anbietet.
Renovierung und Neuausstattung der bestehenden barocken Kapelle am Linder-Hof.
Erste Idee für ein Theatergebäude beim Linder-Hof.

1871 18. Januar: König Wilhelm I. wird im Spiegelsaal von Schloss Versailles bei Paris zum Deutschen Kaiser ausgerufen. Gründung des Deutschen Reiches.

1872 Im Wirtshaus am Fernstein werden zwei Zimmer für Ludwig II. dauerhaft reserviert und möbliert.
6. Mai: Erste Separatvorstellung für Ludwig II.
22. Mai: Grundsteinlegung zum Bayreuther Festspielhaus.

1873 26. September: Ludwig erwirbt die Herreninsel.

1874 Einbau einer Terrasse in die große Linde.
Ludwig befiehlt den Abbruch der barocken Kapelle und einen Neubau oberhalb der Kaskade (dieser Plan wird 1876 fallengelassen).
Endgültige Planung für ein Schloss am Linder-Hof.
Abbruch des Königshäuschens und Wiederaufbau rund 200 Meter westlich; Abbruch auch des Linder-Hofes.
Konkretere Pläne für ein Theater auf dem „Linderbichl" gegenüber vom Schloss.
21. bis 28. August: Reise Ludwigs nach Paris. Seinen Geburtstag am 25. August feiert er in Versailles.
Idee zum Bau eines „Arabischen Pavillons" (1876 wird der Plan mit dem Erwerb des „Maurischen Kiosk" fallengelassen).

1875 24. bis 27. August: Reise Ludwigs II. nach Reims.
Anstelle des Theaters soll ein Monopteros den Abschluss des „Linderbichls" bilden.
15. Dezember: Ludwig wünscht, in Linderhof eine Grotte mit Bademöglichkeit und Bild „Tannhäuser im Venusberg" zu errichten.

1876 Drohende Zahlungsunfähigkeit der Kabinettskasse.
Mai: Ludwig II. erwirbt den „Maurischen Kiosk".

6. bis 9. August: Wagners vierteiliger Opernzyklus „Der Ring des Nibelungen“ wird in Bayreuth uraufgeführt. Ludwig II. besucht die Generalproben.
27. bis 31. August: Ludwig besucht auch den dritten, öffentlichen „Ring“-Zyklus in Bayreuth.
September: Bau des Monopteros am „Linderbichl“.
November: Fertigstellung der „Hundinghütte“.

1877 Finanzschwierigkeiten der Kabinettskasse. Ludwig II. will sich in seiner Bautätigkeit nicht einschränken.
25. August: Fertigstellung der „Venusgrotte“.
Aufbau der „Einsiedelei des Gurnemanz“ in der Nähe der „Hundinghütte“.
Ab Ende des Jahres kann Ludwig den umgebauten „Maurischen Kiosk“ nutzen.

1878 Pläne für eine „Kubba mit Hof“.
21. Mai: Grundsteinlegung zu Herrenchiemsee.
September: Ludwig II. erwirbt das „Marokkanische Haus“ von der Weltausstellung in Paris (die Idee einer „Kubba“ wird nicht weiterverfolgt).

1879 Ab Ende des Jahres ist das „Marokkanische Haus“ für den König nutzbar.

1881 Juni: Der Schauspieler Josef Kainz ist knapp eine Woche zu Gast beim König in Linderhof. Sie besuchen gemeinsam die bestehenden Bauten.

1882 26. Juli: Uraufführung des „Parsifal“ in Bayreuth.

1883 13. Februar: Richard Wagner stirbt in Venedig.
Planungen für Schloss Falkenstein bei Pfronten.

1884 16. Mai: Ludwig erwirbt die Burgruine Falkenstein.
Mit einer Bankanleihe von 7,5 Millionen Mark treibt Ludwig den Weiterbau seiner Schlösser voran.
Dezember: Nach einem Blitzschlag brennt die „Hundinghütte“, der Wiederaufbau beginnt unmittelbar.
24. Dezember: Ludwig befiehlt die Errichtung des „Hubertuspavillons“.

1885 Januar: Die „Hundinghütte“ ist wiederhergestellt.
Ludwig lässt sich Entwürfe für eine byzantinische Burg vorlegen.
Ludwigs Schulden erreichen eine Höhe von rund 14 Millionen Mark. Der König weigert sich, das Bauen zu unterlassen. Das Gesamtministerium und Prinz Luitpold versuchen, die Finanzen Ludwigs zu ordnen.
Juni: Abbruch des Schlafzimmers von Schloss Linderhof, Beginn eines vergrößerten Neubaus.
Herbst: Der Schlossbau Herrenchiemsee wird eingestellt.

1886 Januar: Ludwig II. plant einen „Chinesischen Palast“.
30. Mai: Letzter Besuch Ludwigs der Heiligen Messe in der Linderhofer Kapelle.
8. Juni: Ein von Minister Lutz initiiertes ärztliches Gutachten erklärt Ludwig II. für geisteskrank im fortgeschrittenen Stadium. Eine Kommission wird gebildet, um dem König die Absetzung mitzuteilen und ihn in Gewahrsam zu nehmen.
10. Juni: Regentschaftsproklamation des Prinzen Luitpold.
12. Juni: Festnahme des Königs im Schloss Neuschwanstein durch Obermedizinalrat Bernhard von Gudden.
13. Juni: Von Gudden und Ludwig treten einen Spaziergang im Park von Schloss Berg an. Um 23 Uhr werden die Leichen der beiden Männer im Starnberger See gefunden.
1. August: Die Schlösser des Königs werden der Öffentlichkeit zur Besichtigung freigegeben.

1887 Das Schlafzimmer von Schloss Linderhof wird in vereinfachter Form vollendet.

1891 Das „Marokkanische Haus“ wird an einen Privatmann nach Oberammergau verkauft.

1909 Die Inneneinrichtung der beiden Zimmer im Wirtshaus „Fernstein“ werden in Köln versteigert.

1945 April: Brandstiftung der „Hundinghütte“.

1990 Vier Jahre nach Planungsbeginn ist die Rekonstruktion der „Hundinghütte“ am östlichen Rand des Schlossparks beendet.

1998 Nach zehn Jahren enden die Renovierungsarbeiten am „Marokkanischen Haus“, das im Schlosspark westlich von Schloss Linderhof seinen neuen Platz gefunden hat.

2000 Rekonstruktion der „Einsiedelei“ nahe der zehn Jahre zuvor ebenso neu gebauten „Hundinghütte“.

2017 Die „Venusgrotte“ wird für mehrere Jahre wegen Renovierung geschlossen.

Impressum und Dank

Bibliographische Information der Deutschen Nationalbibliothek:
Die Deutsche Nationalbibliothek verzeichnet diese Publikation in der Deutschen Nationalbibliografie; detaillierte bibliografische Daten sind im Internet über http://dnb.dnb.de abrufbar.

ISBN 978-3-7917-2804-9

www.verlag-pustet.de

Buch- und Umschlaggestaltung:
grafica – Astrid Riege, Lappersdorf

Druck und Bindung: Friedrich Pustet, Regensburg
Printed in Germany 2018

Abbildungen auf der vorderen Umschlagseite:

Schloss Linderhof von Süden © Bayerische Verwaltung der staatlichen Schlösser, Gärten und Seen, Foto: Veronika Freudling, München (oben);

Entwurf für eine Schlossanlage im byzantinischen Stil für das Graswangtal, Aquarell von Georg Dollmann, 1869 © Bayerische Verwaltung der staatlichen Schlösser, Gärten und Seen (unten);

Porträt König Ludwigs II. in bürgerlicher Kleidung, 1885 © Sammlung Marcus Spangenberg, Regensburg (Mitte).

Vordere Umschlagklappe außen:

König Ludwig II. in orientalischer Umgebung (Wintergarten der Münchner Residenz), Ansichtskarte um 1900 © Sammlung Marcus Spangenberg, Regensburg.

Innenseiten Umschlag vorne und hinten:

Baustelle Linderhof mit südlicher Terrassenanlage mit Linde (links) und Königshäuschen und westlicher Gartenparterre (rechts); zweiteilige Fotografie von Joseph Albert, 1875 (© Sammlung Marcus Spangenberg, Regensburg).

Für Hinweise, Anregungen und Informationen dankt der Autor insbesondere:

Bayerische Verwaltung der staatlichen Schlösser, Gärten und Seen (Alexander Laar, Bernhard Mintrop, Sigrid Stache und Dr.-Ing. Alexander Wiesneth)

Gemeinde Oberammergau (Katharina Waldhauser M.A. und Dr. Constanze Werner)

Tobias Hager, Bad Füssing

Dr. Stefan Lindl, Universität Augsburg

Dr. Richard Lipp, Reutte

Andreas Oertel, Markt Indersdorf

Stiftung Fürst-Pückler-Museum Park und Schloss (Christian Friedrich und Dr. Simone Neuhäuser)

Vanessa Voit M.A., Ettal

Sacha Wiedenmann, Regensburg

Wittelsbacher Ausgleichsfonds (Andreas von Majewski und Brigitte Schuhbauer)

Alle Zitate sind im originalen Wortlaut wiedergegeben, inklusive orthografischer und grammatikalischer Fehler.

Sie haben Fragen (beispielsweise nach Quellen der Zitate) oder Hinweise? Gerne können Sie den Autor unter www.marcusspangenberg.de kontaktieren.